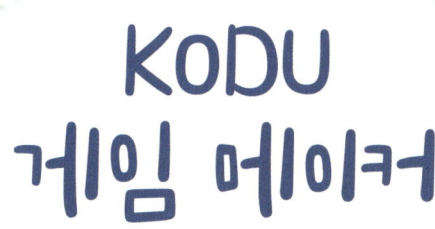

GameMaker

KODU 게임 메이커

2018년 1월 10일 1판 1쇄 발행

저 자	박재일 · 이광재
발행자	김남일
기 획	김종훈
마케팅	정지숙
디자인	디자인클립

발행처	TOMATO
주 소	서울 동대문구 왕산로 225
전 화	0502.600.4925
팩 스	0502.600.4924
Website	www.tomatobooks.co.kr
e-mail	tomatobooks@naver.com

Copyright 박재일, 이광재, 2018, Printed in Korea
카페 / http://cafe.naver.com/arduinofun

이 책에 실린 모든 내용, 디자인 이미지, 편집 구성의 저작권은 박재일과 도서출판 TOMATO에 있습니다.
저작권법에 의해 저작물의 무단 전재 및 무단 복제를 금합니다.
파본은 구입하신 서점에서 교환해 드립니다.

ISBN 978-89-91068-78-0 53500

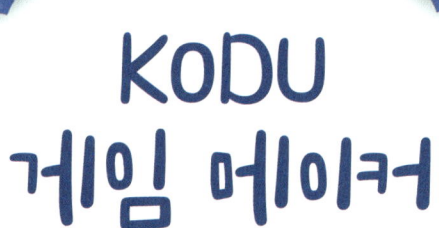

KODU
GameMaker

Build Games. Play Games. Share Games.

머리말

Build Games. APlay Games.Share Games.

지금 우리가 살고 있는 세상은 모든 것이 컴퓨터로 연결되어 있는 사물인터넷 시대라고 합니다. 이제 컴퓨터는 어디에나 있으며, 모든 것이 하나로 연결되어 있습니다. 이 사물인터넷 시대 뒤에는 보이지 않는 소프트웨어가 있습니다.

이제는 3차 산업혁명을 넘어서는 4차 산업혁명 시대라고 합니다. 4차 산업혁명으로 인하여, 대부분의 산업에서 지식과 기술이 획기적으로 변화할 것입니다. 4차 산업혁명에서는 창의적인 아이디어를 기술, 지식, 제품과 융합하는 능력이 매우 중요합니다.

소프트웨어는 4차 산업혁명 시대를 준비하는 국가경쟁력의 핵심으로 우리들은 반드시 소프트웨어를 잘 알아야 합니다. 따라서 초등학교부터 소프트웨어를 배워야 합니다. 선진국에서는 이런 소프트웨어의 중요성을 알고 수년 전부터 소프트웨어를 만드는 코딩 수업을 하고 있습니다. 대표적으로 영국에서는 이미 소프트웨어를 필수 과목으로 지정하여 초등학교부터 소프트웨어를 교육시킵니다.

우리나라도 앞으로 초등학교와 중학교에서 코딩 수업이 의무화됩니다. 하지만 C언어와 같이 직접 키보드로 치면서 코딩을 배우는 것은 너무 어렵습니다. 그럼 어떻게 하면 코딩을 쉽고 재미있게 공부할 수 있을까요?

우선 다양한 언플러그드 활동을 통해서 컴퓨터의 원리를 파악하는 것이 중요합니다. 직접 체험을 통해서 자연스럽게 원리를 익히는 것이지요. 그리고 직접 프로그래밍을 해보는 것이 중요한데 KODU라는 프로그램이 매우 효과적입니다.

KODU는 2009년 마이크로소프트사에서 개발한 Visual Programing 도구로, 스크래치, 엔트리와 같이 블록코딩 프로그래밍입니다. Icon 기반의 프로그래밍 제작도구로 학생들이 문자코딩 없이 직관적으로 프로그래밍을 할 수 있습니다.

여기서 다른 교육용 프로그래밍 언어(EPL) 프로그램과 다른 점은 바로 게임 개발에 특화된 프로그램이라는 것입니다. KODU는 게임을 만드는 데 특화된 프로그래밍 도구로 다양한 게임을 재미있게 만들 수 있습니다. 또한 스크래치, 엔트리에 비교했을 때 더 쉽게 게임을 만들 수 있는 장점이 있습니다. 다른 프로그램으로 게임을 만드는 것은 어렵고, 게임도 시시해 보일 수 있습니다. 하지만 KODU는 아주 멋진 3D 게임을 쉽게 만들 수 있기 때문에 학생들이 매우 좋아하고 몰입하여 코딩을 배우게 됩니다.

게임은 모든 사람들이 좋아하는 콘텐츠입니다. 많은 학생들이 마인크래프트와 같은 멋진 게임을 만들고 싶어 합니다. KODU는 이런 학생들 위한 최고의 교육 프로그램입니다. KODU로 학생들에게 코딩을 가르친다면 컴퓨터 앞에서 일어나지 않고 열심히 게임을 만들면서 공부하는 학생들의 모습을 볼 수 있을 것입니다.

　KODU를 처음 배우는 사람도 누구나 쉽고 재미있게 배울 수 있도록 그림과 함께 자세하게 설명했습니다. 한 가지 게임을 다양한 명령어와 기능을 사용해서 만들다 보면 코딩 실력이 더욱 좋아질 것입니다. 게임을 만들다 보면 많은 문제에 부딪치게 됩니다. 이 책에서는 그런 문제를 어떻게 해결할 수 있는지 자세히 설명했기 때문에 KODU로 더욱 쉽게 게임을 만들 수 있을 것입니다.

　미국 오바마 대통령은 게임을 하지만 말고 직접 만들 줄 알아야 한다고 이야기 했습니다. KODU로 게임을 만들면서 즐겁게 코딩을 배운다면 복잡한 문제를 해결하기 위해서 논리적이고 창의적으로 생각하는 능력이 향상됩니다. KODU를 가르쳐 미래를 이끌어 갈 우리 꿈나무들에게 멋진 SW 교육을 선물하는 건 어떨까요?

KODU를 알아봐요

Build Games. APlay Games.Share Games.

KODU는 윈도우를 개발한 마이크로소프트사(Microsoft)에서 개발한 프로그래밍 도구로 스크래치나 엔트리와 같이 블록코딩을 이용하는 프로그램입니다. 키보드로 어려운 영어를 칠 필요 없이 마우스로 명령어를 골라 코딩을 할 수 있는 프로그램입니다. 다른 블록코딩 프로그램보다 특별한 점은 KODU는 게임을 만들기 위해서 나온 프로그램이라는 것입니다.

KODU를 이용하면 3D 게임을 훨씬 더 쉽고 재미있게 만들 수 있습니다. 마인크래프트처럼 입체적으로 게임을 만들 수 있어서 더욱 재미있습니다.

KODU와 같은 프로그램들을 소프트웨어라고 합니다. 소프트웨어는 4차 산업혁명 시대를 준비하는 국가경쟁력의 핵심입니다. 미래를 준비하는 우리들은 반드시 소프트웨어를 잘 알아야 합니다. 단순히 소프트웨어를 만들기 위해 소프트웨어 교육이 필요한 것이 아닙니다. 우리가 소프트웨어를 배우는 이유는 생각하는 힘을 키우기 위해서 입니다. KODU로 다양한 게임을 만들다 보면 생각하는 능력이 커지게 됩니다.

KODU로 열심히 코딩을 공부하고 생각하는 능력을 키운다면 우리는 제2의 스티브 첸, 스티브 잡스, 빌 게이츠, 마크 주커버그, 엘론 머스크가 될 수 있습니다.

차례

Build Games. APlay Games. Share Games.

KODU를 설치해요 11

처음 만드는 KODU 게임 21

사과 먹기 게임 만들기 53

사과 먹기 게임 만들기 1단계	 54
사과 먹기 게임 만들기 2단계	 72
사과 먹기 게임 만들기 3단계	 78
사과 먹기 게임 만들기 4단계	 87

 레이싱 게임 만들기 89

레이싱 게임 만들기 1단계	 90
레이싱 게임 만들기 2단계	 100
레이싱 게임 만들기 3단계	 109
레이싱 게임 만들기 4단계	 118
레이싱 게임 만들기 5단계	 125
레이싱 게임 만들기 6단계	 133

KODU를 설치해요

KODU
GameMaker

Build Games. Play Games. Share Games.

01 인터넷 주소창에 www.kodugamelab.com 이라고 쓰고 kodugamelab 사이트에 들어갑니다.

또는 검색창에서 kodu라고 검색해봅니다.

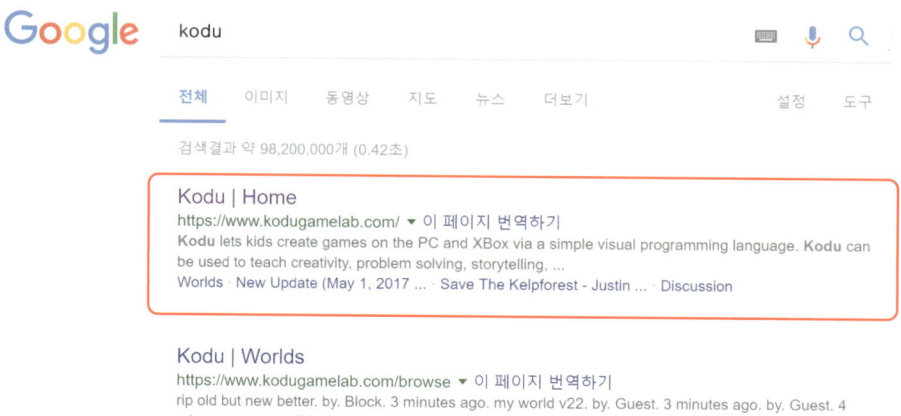

빨간색으로 표시한 사이트가 바로 KODU 프로그램을 다운 받을 수 있는 사이트입니다. 이 사이트로 들어가서 KODU 프로그램을 다운 받습니다.

02 왼쪽 위에 Get Kodu라는 글씨가 보입니다. 'Kodu를 갖는다(get 겟)'라는 뜻입니다. 이곳을 클릭합니다.

03 〈다운로드〉를 클릭합니다.

04 다음 화면에서 두 개의 파일을 선택하고, 〈NEXT(다음)〉 버튼을 클릭합니다.

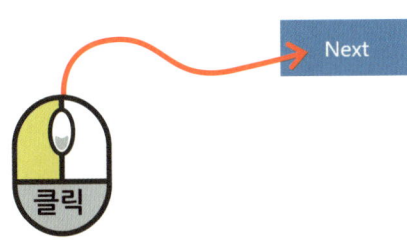

05 이 파일들을 쉽게 찾기 위해 바탕화면에 저장합니다. 그러면 바탕화면에 오른쪽 그림과 같은 파일이 보입니다. 이 파일을 두 번 빠르게 클릭하여 KODU 프로그램을 설치합니다.

06 설치할 언어를 한국어(Korean)로 바꾸고 〈확인〉 버튼을 누릅니다.

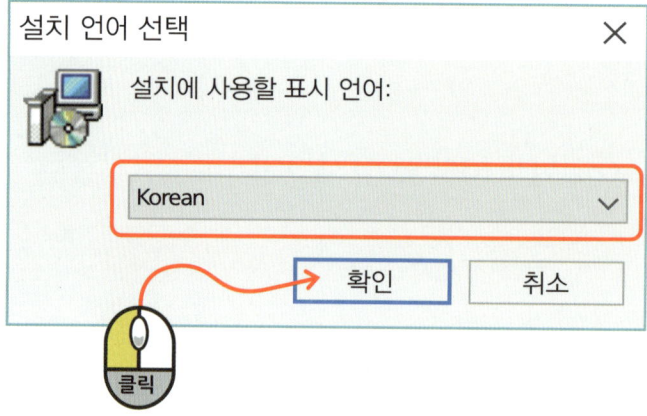

07 .NET Framework 3.5 및 XNA Framework 4.0가 설치 되어있지 않다면 다운을 받아서 설치를 합니다. 〈click here to download〉를 클릭합니다.

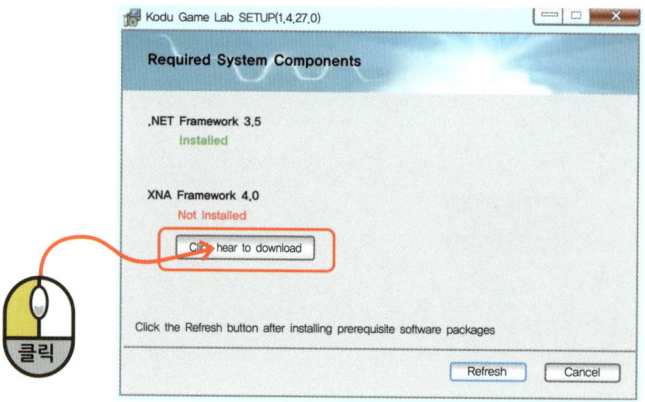

08 프로그램을 설치할 때 영어나 어려운 말이 나오는데 걱정할 필요 없습니다. 〈실행〉, 〈동의(Accept)〉, 〈다음(Next)〉, 〈OK〉, 〈설치(Install)〉와 같은 단어가 나오는 버튼을 계속 클릭하면 설치가 됩니다.

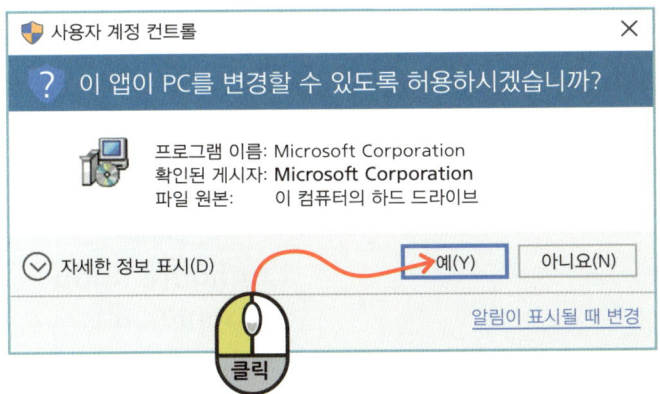

09 '동의'는 그렇게 해도 된다고 찬성한다는 뜻입니다.

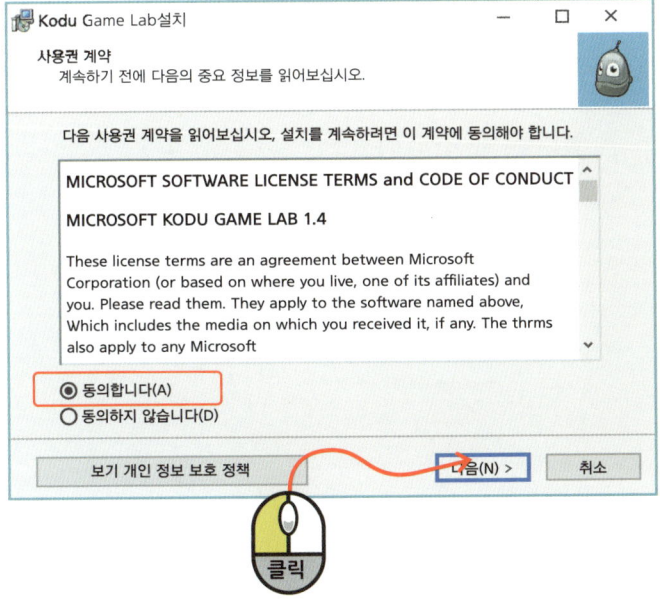

10 프로그램이 모두 설치되면 바탕화면에 초록색 KODU 캐릭터가 있는 파일이 생깁니다. 이 파일을 더블 클릭하면 KODU 프로그램이 실행됩니다.

11 그리고 바탕화면에 회색의 KODU 캐릭터가 나오는데 이것은 KODU의 옵션을 바꿔주는 것입니다.

Kodu Game Lab

Configure Kodu Game Lab

12 KODU는 게임을 입체적으로 만듭니다. 따라서 컴퓨터 성능이 너무 안 좋으면 KODU로 게임을 만들 때 느려지는 경우가 생깁니다.

컴퓨터가 느려지는 경우에는 Standard(기본)를 고르면 됩니다. Advanced는 '향상된'이라는 뜻인데 쉽게 말해서 업그레이드된 KODU 프로그램을 사용할 수 있다는 뜻입니다.

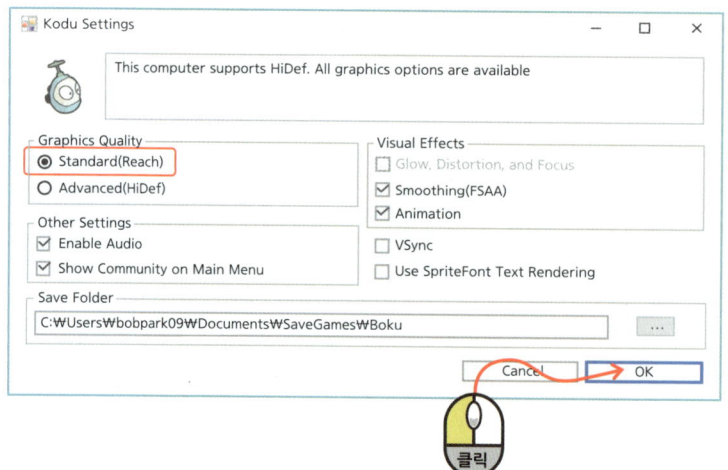

13 KODU를 실행하고 먼저 이름을 적습니다. 원하는 이름을 적으면 됩니다. 이 책에서는 KODU라고 이름을 적어 보겠습니다.

그리고 OK 버튼을 누릅니다.

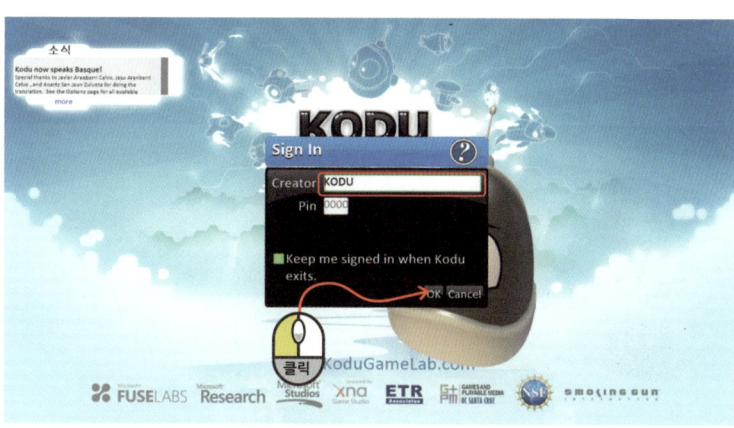

14 우선 게임의 옵션을 확인합니다.

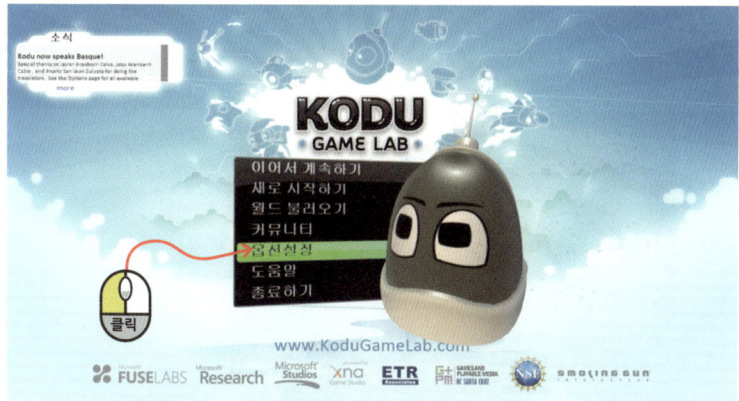

15 〈도구 팁 보기〉를 고르면 게임을 만들 때 왼쪽 위에 도와주는 말이 나옵니다. 이것을 선택해줍니다.

〈힌트 보기〉를 고르면 게임을 만들 때 힌트를 보여줍니다.

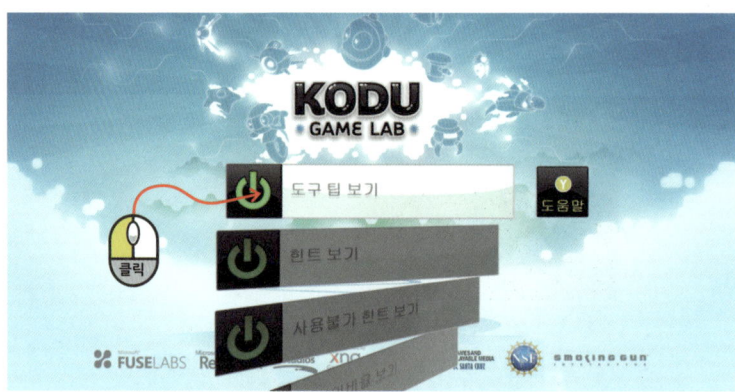

가끔 다른 나라 말이 나와서 당황할 때가 있습니다. 이럴 때는 〈언어〉에서 한국어를 클릭하면 됩니다.

16 옵션을 바꿨으면 ESC 키를 누릅니다.
그리고 〈새로 시작하기〉 버튼을 누릅니다.

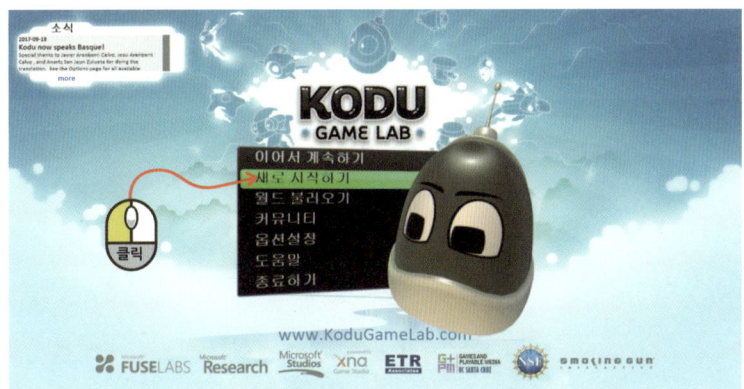

이제 KODU로 자신만의 멋진 게임을 만들어 볼까요?

처음 만드는
KODU 게임

KODU
GameMaker

Build Games. Play Games. Share Games.

KODU

KODU로 간단한 게임을 만들어 보겠습니다.

이 게임은 주인공이 목표지점에 안전하게 도착하면 이기는 게임입니다.

KODU로 게임을 만들 때는 다음 규칙을 반드시 기억해야 합니다. 이 규칙을 잘 알아두면 아주 쉽게 게임을 만들 수 있습니다.

규칙

1. 도움말(도구 팁, 힌트)을 잘 이용한다.
2. 노란색 표시가 지금 내가 하고 있는 작업이다.
3. 무엇인가 바꾸거나 넣고 싶을 때는 마우스 오른쪽 버튼을 클릭한다.
4. 명령어는 외우지 않고 생각하여 찾는다.
5. 마우스 왼쪽 클릭과 오른쪽 클릭은 서로 반대다.
6. 화살표 키와 마우스 휠로 고르고 싶은 것을 바꿀 수 있다.
7. 단축키는 외워서 사용한다.

위의 규칙이 무슨 뜻인지 게임을 만들면서 하나씩 배워 보겠습니다.

처음 시작하면 아래 그림과 같은 화면을 볼 수 있습니다.
초록색 땅과 아래에 여러 가지 그림(Icon)이 보입니다. 이 그림을 클릭하고 코딩을 하여 게임을 만드는 것입니다. 어때요, 참 쉽죠?

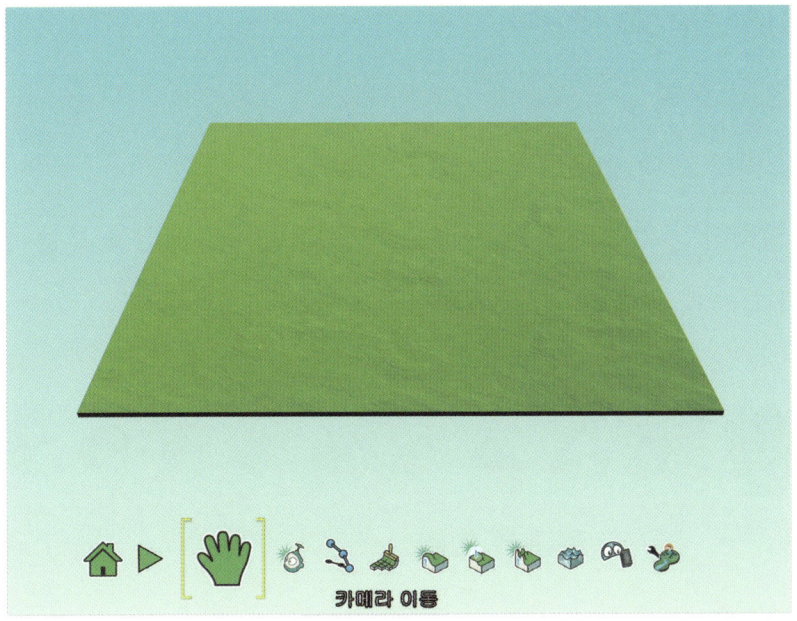

시작화면 왼쪽 위에 오른쪽 그림과 같은 글이 보입니다. 이것이 바로 도움말입니다. KODU로 게임을 만들 때 모든 것을 기억할 필요가 없습니다. 이 도움말을 보고 게임을 만들면 되기 때문이죠.

🖱 지형 움직이기
🖱 카메라 회전하기
🖱 스크롤 확대/축소
[Tab] 다른 캐릭터 선택하기

규칙

도움말(도구 팁, 힌트)를 잘 이용한다.

도움말을 보고 마우스로 간단하게 지형을 움직여 볼까요?

여기에서 규칙을 하나 더 배우겠습니다.

 노란색 표시가 지금 내가 하고 있는 작업이다.

아래 그림을 보면 손바닥 그림에 노란색 표시가 있습니다.

이 손바닥 그림을 클릭하면 카메라를 이동할 수 있습니다. 즉, 게임을 보는 방향을 바꿔주는 겁니다.

카메라 이동

도움말을 보고 마우스를 움직여 볼까요?

마우스 왼쪽 버튼을 누르고 움직이면(드래그) 지형(땅)이 위아래, 왼쪽 오른쪽으로 움직입니다. 오른쪽 버튼을 누르고 움직이면(드래그) 지형(땅)이 회전합니다. 마우스 휠을 움직이면 지형(땅)이 가깝거나 멀게 보입니다.

◆ 마우스 움직이는 방법

왼쪽 버튼 드래그	지형(땅)이 위아래, 왼쪽 오른쪽으로 움직인다(상하좌우로 움직인다).
오른쪽 버튼 드래그	지형(땅)이 회전한다.
마우스 휠 움직이기	지형(땅)이 가깝거나 멀게 보인다.

어때요 참 쉽죠?

게임에 간단한 캐릭터를 넣어 보겠습니다. 이렇게 게임에 들어가는 것을 오브젝트라고 합니다. 오브젝트를 '어떤 것 또는 물체'라고 이해하면 편합니다. 오브젝트는 스크래치에서 스프라이트와 비슷합니다.

오브젝트(캐릭터나 물체)를 넣기 위해 〈오브젝트 도구〉 명령어를 클릭합니다.

오브젝트 도구: 오브젝트와 캐릭터 추가/수정하기

〈카메라 이동〉 명령어를 고른 상태에서는 오브젝트를 게임에 넣을 수 없습니다. 〈카메라 이동〉 명령어는 오직 카메라와 관계있는 일만 할 수 있기 때문입니다.
사과, 자두, 배를 과일로, 오이, 배추, 시금치를 야채로 분류하는 것과 비슷합니다.
카메라와 관련된 것은 모두 〈카메라 이동〉으로, 오브젝트와 관련된 것은 모두 〈오브젝트 도구〉로 분류한 것이죠.
다른 명령어를 고른 상태에서 오브젝트를 넣으려고 애쓰는 경우가 많습니다.
가장 많이 실수하는 부분이니 규칙을 다시 한 번 기억해 주세요.

노란색 표시가 지금 내가 하고 있는 작업이다.

〈오브젝트 도구〉 명령어를 고르고 게임 화면을 클릭하면 넣을 수 있는 오브젝트가 보입니다.

여기서 규칙을 하나 더 배우겠습니다.

무엇인가 바꾸거나 넣고 싶을 때는 마우스 오른쪽 버튼을 클릭한다.

게임 화면에서 오른쪽 버튼을 누르면 그림과 같이 여러 가지 명령어가 나옵니다.

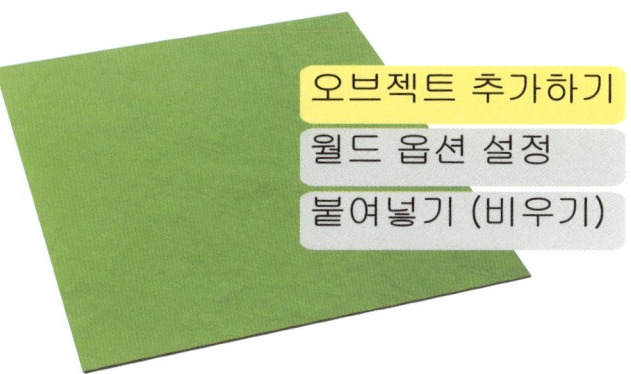

여기서 〈오브젝트 추가하기〉 명령어를 클릭합니다. 이렇게 무엇인가 넣고 싶을 때 마우스 오른쪽 버튼을 누르면 됩니다.

〈오브젝트 도구〉 명령어를 고른 상태에서 마우스 오른쪽 버튼 누르기!

어때요? 참 쉽죠?

코두(KODU)를 클릭하면 게임 화면에 코두(KODU)가 나옵니다. 아래 그림에 나오는 캐릭터가 바로 코두(KODU)입니다.

그러면 코두(KODU)를 움직여 볼까요?

다시 한 번 규칙을 살펴보겠습니다.

 규칙 3
무엇인가 바꾸거나 넣고 싶을 때는 마우스 오른쪽 버튼을 클릭한다.

우리는 코두(KODU)를 움직이도록 바꾸고 싶습니다. 이렇게 바꾸고 싶은 것을 마우스로 고르면 주위에 노란색 빛이 나옵니다. 이 상태에서 오른쪽 버튼을 누르면 아래 그림과 같은 프로그램 명령어가 나옵니다.

여러 가지 명령어가 나오는데 모두 다 알아야 할 필요는 없습니다. 이 책을 보면서 게임을 만들다 보면 자연스럽게 알게 됩니다.

여기서 〈프로그램〉을 클릭하면 코두(KODU)에 명령을 내릴 수 있습니다.

그림과 같은 〈WHEN(언제)〉 〈DO(해라)〉가 나옵니다.

KODU에서 게임을 만들 때 규칙입니다.

'배가 고프면 밥을 먹어라'를 KODU 식으로 표현해볼까요?

하나만 더 해볼까요?

'졸리면 잠을 자라'

어때요? 참 쉽죠?

그리고 규칙을 하나 더 배워 보겠습니다.

 **규칙**

명령어는 외우지 않고 생각하여 찾는다.

KODU에는 다양한 명령어가 있는데 비슷한 것끼리 묶어 놓았습니다. 마치 스크래치에서 비슷한 명령어를 모아 색깔로 구분한 것과 같습니다.

그래서 코딩을 할 때 원하는 명령어가 어디 있을 것 같다고 생각해서 명령어를 찾으면 조금 더 쉽게 코딩할 수 있습니다. 오브젝트마다 할 수 있는 명령어가 다른 경우도 있습니다. 예를 들면 코두(KODU)는 움직일 수 있지만, 사과는 움직일 수 없습니다.

우선 〈WHEN(언제)〉에서 〈더하기 기호(+)〉를 클릭합니다.

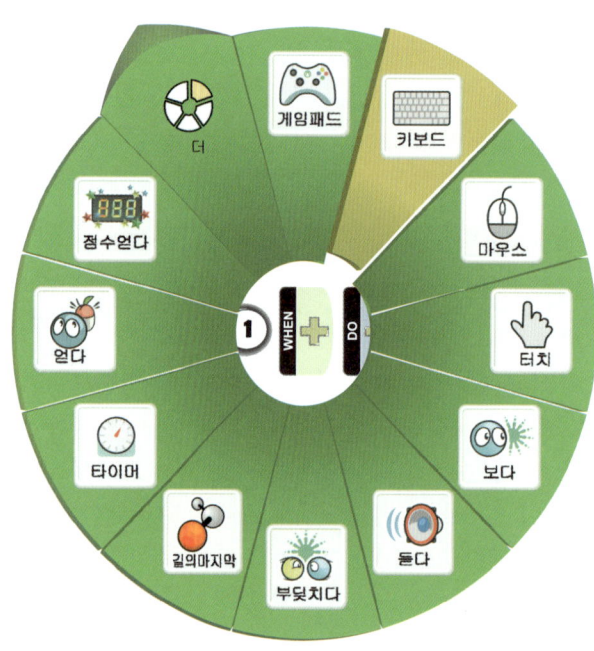

KODU는 명령어를 하나 고르고 다시 〈더하기 기호(+)〉를 클릭하여 명령어를 더 고르는 방식입니다. 〈더하기 기호(+)〉가 없으면 더 이상 명령어를 고를 수 없다는 뜻입니다.

예를 들면 〈키보드〉 명령어를 고르고 〈더하기 기호(+)〉를 누르면 누르는 키보드의 종류를 고를 수 있습니다.

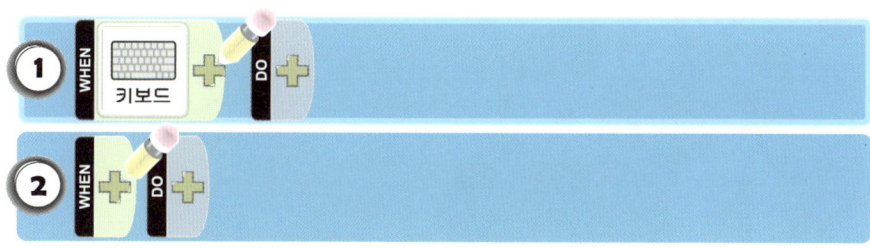

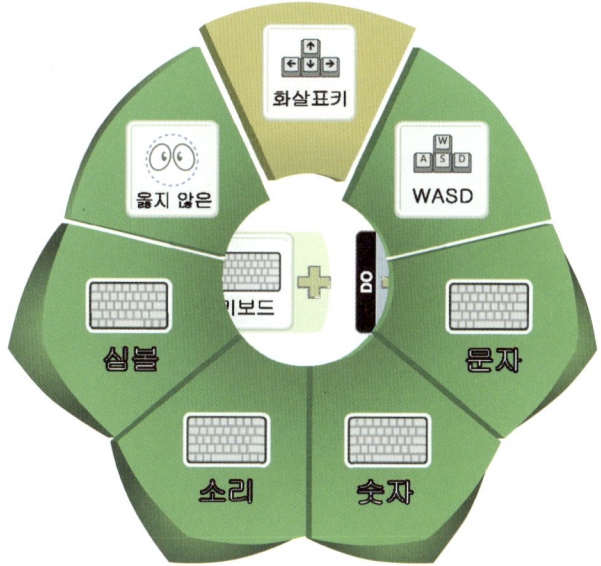

어때요? 참 쉽죠?

이런 방식으로 왼쪽에서 오른쪽으로 차례대로 명령어를 더해주면 됩니다.

〈DO(해라)〉에는 〈이동하다〉-〈빨리〉라고 명령어를 넣어줍니다.

위 명령어는 무슨 뜻일까요?

WHEN(언제): 키보드의 화살표 키를 누르면

DO(해라): 이동을 해라, 어떻게? 빨리~

코두(KODU)는 다른 프로그램과 다르게 ESC 키를 눌러야 게임이 시작됩니다.

게임을 바꾸려면(수정) 다시 ESC 키를 눌러줍니다.

'수정'은 무엇인가를 바꾼다는 뜻입니다. 어때요? 참 쉽죠?

수정하기 위해서는 Esc 을 눌러주세요

코딩은 아주 자세하게 해야 합니다. 대충 하면 게임이 이상하게 됩니다. 〈WHEN〉에 키보드만 넣으면 어떤 키를 누르는지 모르기 때문에 코두(KODU)가 이상하게 움직입니다. 항상 자세하게 코딩을 하려고 노력합시다.

지형(땅)을 만들어 봅시다. 지형은 땅을 말하는데 이 지형(땅) 위에서 오브젝트가 움직입니다. 먼저 〈지형 도구〉 명령어를 클릭합니다.

지형 도구: 지형 칠하기/추가하기/수정하기

1. 왼쪽 위에 있는 것은 지형(땅)의 색깔이나 종류를 고를 때 사용합니다.
2. 오른쪽 위에 있는 것은 지형(땅)의 모양을 고를 때 사용합니다.

1번을 선택하여 지형(땅)의 종류를 바꿔봅시다.

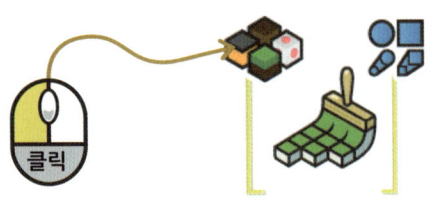

X 확인 후 브러쉬 선택으로 변경하기
← → 질감 바꾸기
↑ 스타일: 네모난
↓ 스타일: 부드러운
Enter 질감 선택하기
🖱 커서 아래 놓여진 질감 선택하기
Alt + 🖱 월드에서 질감 선택하기

규칙을 다시 살펴봅시다.

> **규칙**
> 도움말(도구 팁, 힌트)을 잘 이용한다.
> 화살표 키와 마우스 휠로 고르고 싶은 것을 바꿀 수 있다.

화살표 왼쪽-오른쪽 키로 지형(땅)의 종류를 바꿀 수 있고 마우스 휠로도 바꿀 수 있습니다.

화살표 위-아래 키로 지형(땅)의 모양을 바꿀 수 있습니다. 이렇게 화살표 키와 마우스 휠로 고르고 싶은 것을 바꿀 수 있습니다.

그리고 엔터키를 쳐서 고릅니다.

🖱 질감 추가하기/칠 하기
[Shift] + 🖱 질감 칠하기
[Ctrl] + 🖱 질감 추가하기
🖱 지우기

[←][→] 브러쉬 사이즈 바꾸기

[Alt] 지형 질감 가져오기
[F3] 그리드에 맞추어 이동하기
[Space] 카메라 이동하기
[Home] 메뉴로 돌아가기
[Esc] 실행하기

마우스 왼쪽 클릭하면 지형(땅)이 그려집니다. 그리고 도움말에서 보듯이 화살표 왼쪽-오른쪽 키로 그리는 지형(땅)의 크기를 바꿀 수 있습니다.

화살표 키와 마우스 휠로 고르고 싶은 것을 바꿀 수 있다.

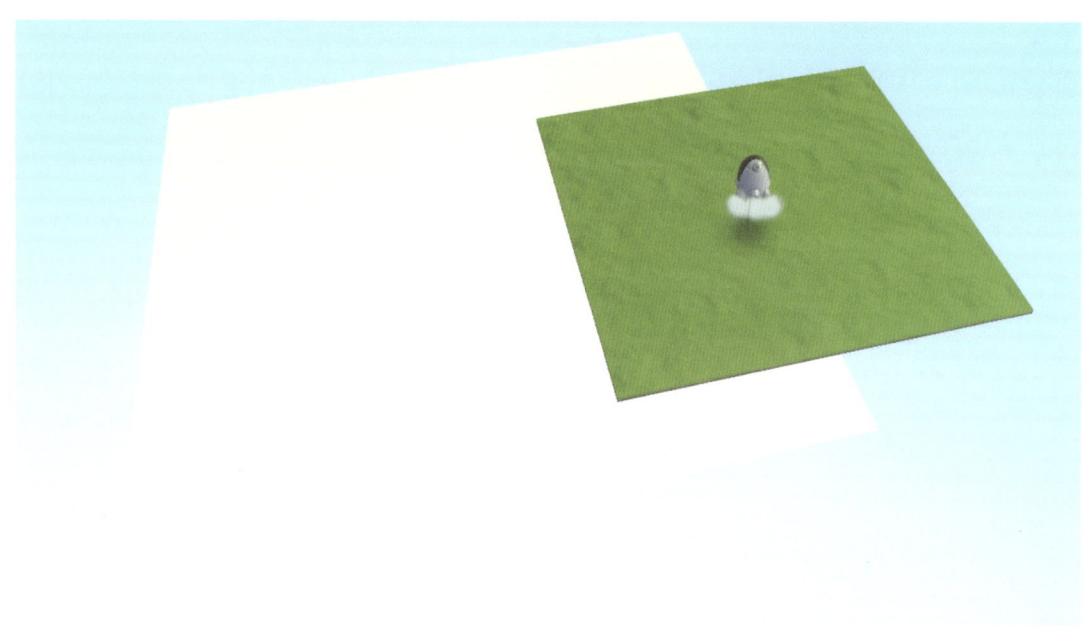

지형(땅)을 지우고 싶으면 어떻게 하면 될까요?

마우스 왼쪽 클릭과 오른쪽 클릭은 서로 반대다.

이 규칙은 왼쪽 클릭이 하는 일과 오른쪽 클릭이 하는 일이 서로 반대라는 뜻입니다.

왼쪽 클릭이 지형을 그리는 것이면, 오른쪽 클릭은 지형을 지우는 것입니다.
마우스 오른쪽 클릭을 해봅니다.

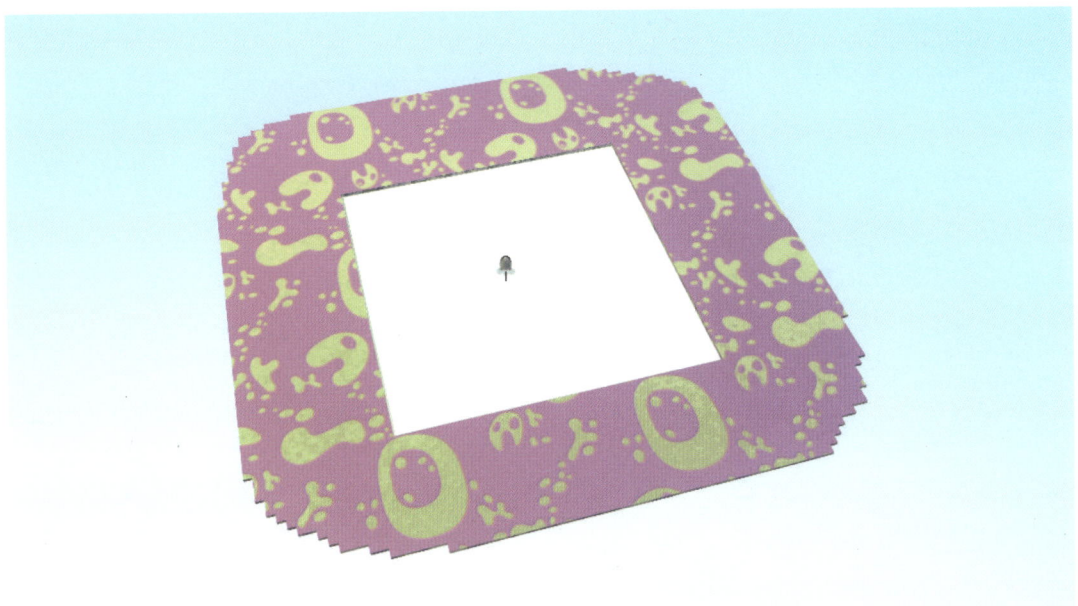

지형이 브러시(붓) 모양대로 지워집니다.
어때요? 참 쉽죠?

2번을 클릭하면 그리는 지형(땅)의 모양을 바꿀 수 있습니다.

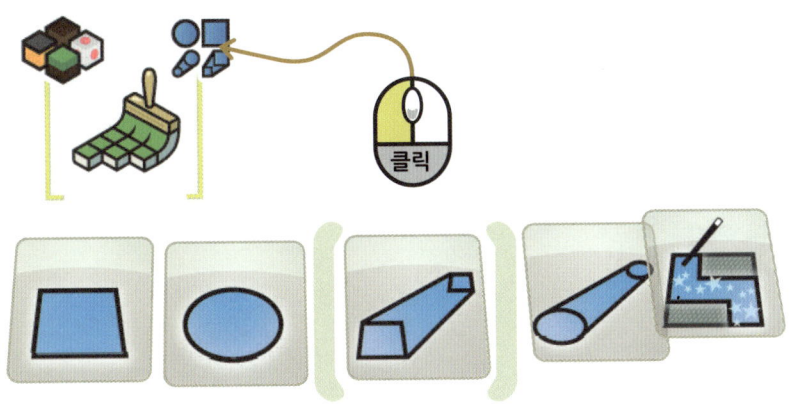

원하는 모양을 고르고 엔터키를 칩니다. 항상 도움말을 잘 보고 게임을 만들면 쉽게 게임을 만들 수 있습니다.

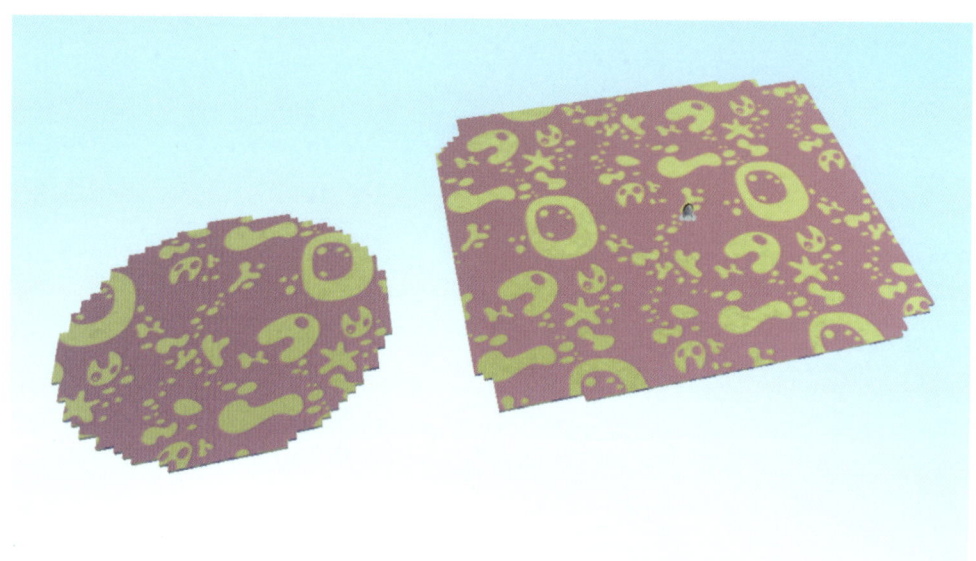

지형(땅)을 산처럼 올려보겠습니다.

올리기/내리기: 언덕/계곡만들기

🖱 지형 올리기
🖱 지형 부드럽게 하기
🖱 지형 내리기

⬅➡ 브러쉬 크기 바꾸기

F3 그리드에 맞추어 이동하기
Space 카메라 이동하기
Home 메뉴로 돌아가기
Esc 실행하기

마우스 왼쪽 버튼을 누르면 지형(땅)이 위로 올라갑니다. 그렇다면 마우스 오른쪽 버튼을 누르면 어떻게 될까요?

그렇죠~, 지형(땅)이 아래로 내려갑니다.

> **규칙**
> 마우스 왼쪽 클릭과 오른쪽 클릭은 서로 반대다.

자, 이렇게 멋진 산을 만들었습니다.

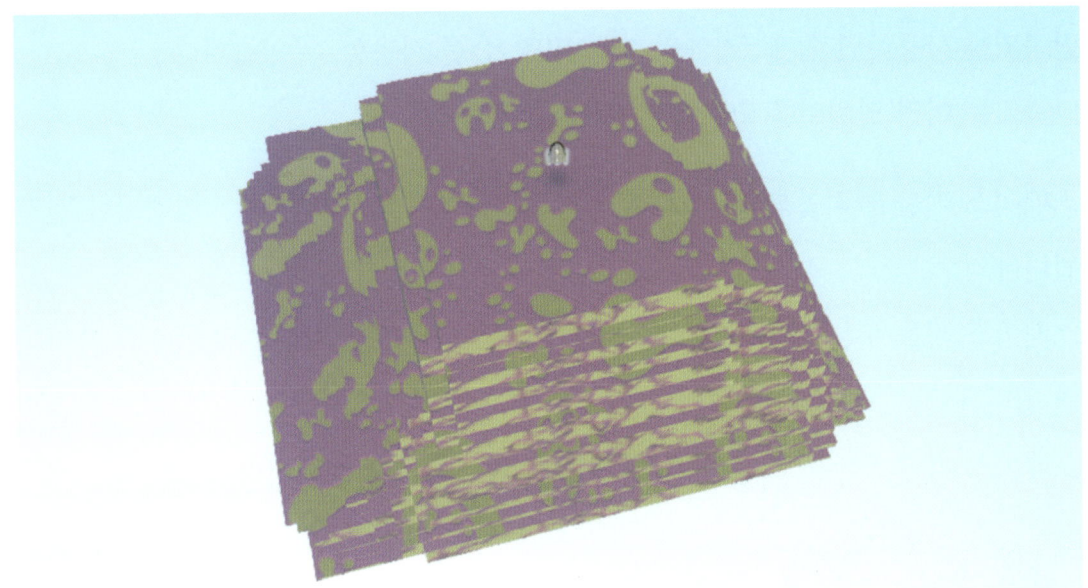

지형(땅)을 잘 만들었는지 확인해보고 싶을 때는 손바닥 모양의 〈카메라 이동〉 명령어를 클릭하면 됩니다.

게임을 만들다 보면 게임을 잘 만들었는지 자주 확인을 해야 합니다. 그런데 확인할 때마다 〈카메라 이동〉 명령어를 마우스로 클릭하는 것은 좀 번거롭습니다. 어떻게 하면 될까요?

> **규칙**
> 단축키는 외워서 사용한다.

단축키를 사용하면 쉽게 〈카메라 이동 명령어〉를 사용할 수 있습니다.
단축키는 어떤 명령어를 고르는 키를 말합니다.

스페이스 키를 눌러볼까요? 스페이스 키를 누르면 〈카메라 이동〉 명령어가 선택됩니다.

스페이스 키를 누른 상태에서 마우스 왼쪽, 오른쪽 휠로 지형을 요리조리 움직이면 됩니다.

스페이스 키에서 손을 떼면 다시 원래 하던 명령어가 선택됩니다.

카메라 이동

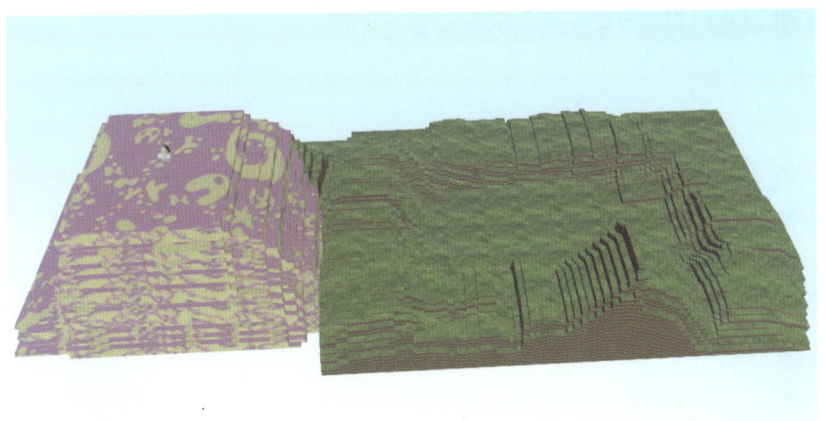

어때요? 참 쉽죠?

그리고 〈물 도구〉 명령어로 지형 위에 물도 넣어봅시다.

물도구: 물색 바꾸기/채우기/없애기

〈물 도구〉 명령어 왼쪽 위를 보면 명령어가 있는데 이 명령어를 클릭하면 물의 색깔을 바꿀 수 있습니다.

화살표 키와 마우스 휠로 고르고 싶은 것을 바꿀 수 있다.

이 규칙 기억나죠? 원하는 물의 색깔을 고르고 엔터키를 치면 됩니다.

마우스 왼쪽 버튼을 누르면 물이 생깁니다. 당연히 마우스 오른쪽 버튼을 누르면 물이 없어집니다.

마우스 왼쪽 클릭과 오른쪽 클릭은 서로 반대다.

어때요? 참 쉽죠?

그리고 코두(KODU)를 옮겨보겠습니다.

코두(KODU)는 오브젝트이므로 코두(KODU)를 옮기기 위해서는 〈오브젝트 도구〉 명령어를 선택해야 합니다.

오브젝트도구: 오브젝트와 캐릭터 추가/수정하기

 규칙

노란색 표시가 지금 내가 하고 있는 작업이다.

KODU로 게임 만드는 규칙이 점점 머리에 잘 들어오지 않나요?

새로운 종류의 지형으로 목표 지점을 그립니다.

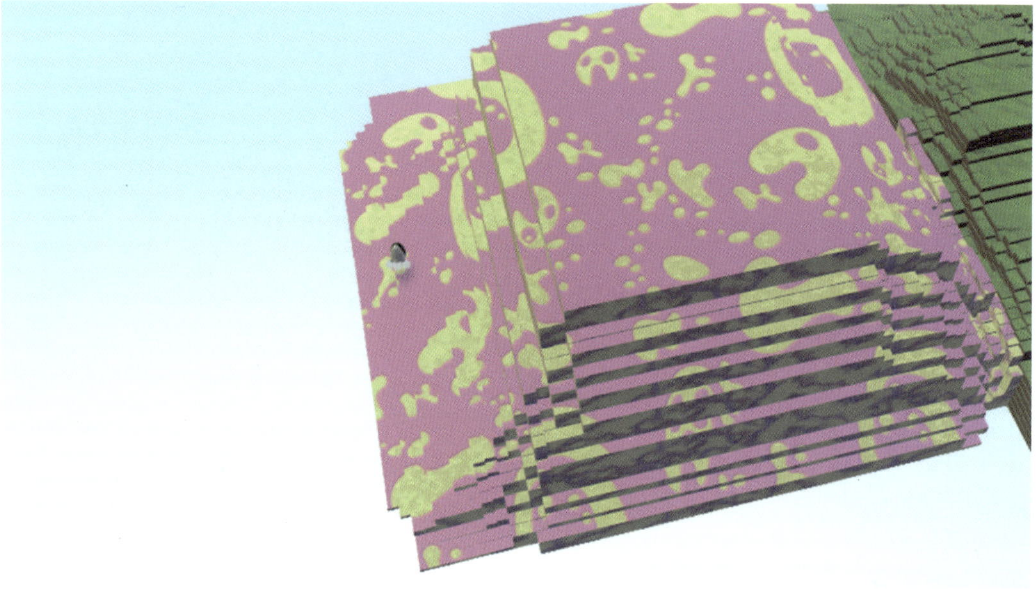

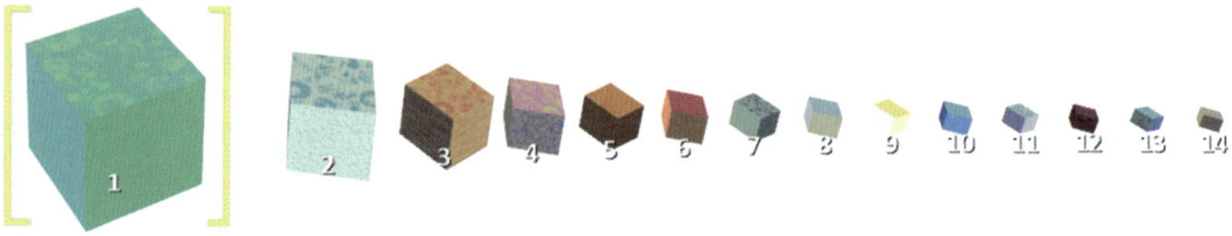

사각형 브러시(붓)를 한 번 사용해볼까요?

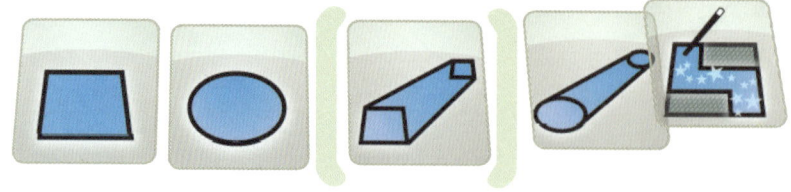

마우스 왼쪽 클릭하고 움직이면(드래그) 직사각형 모양의 지형이 그려집니다.

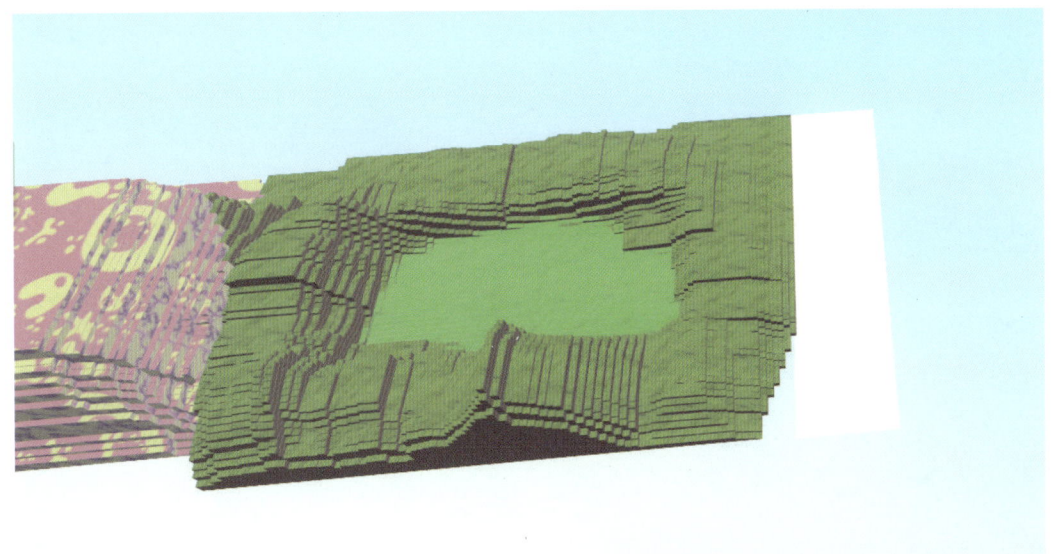

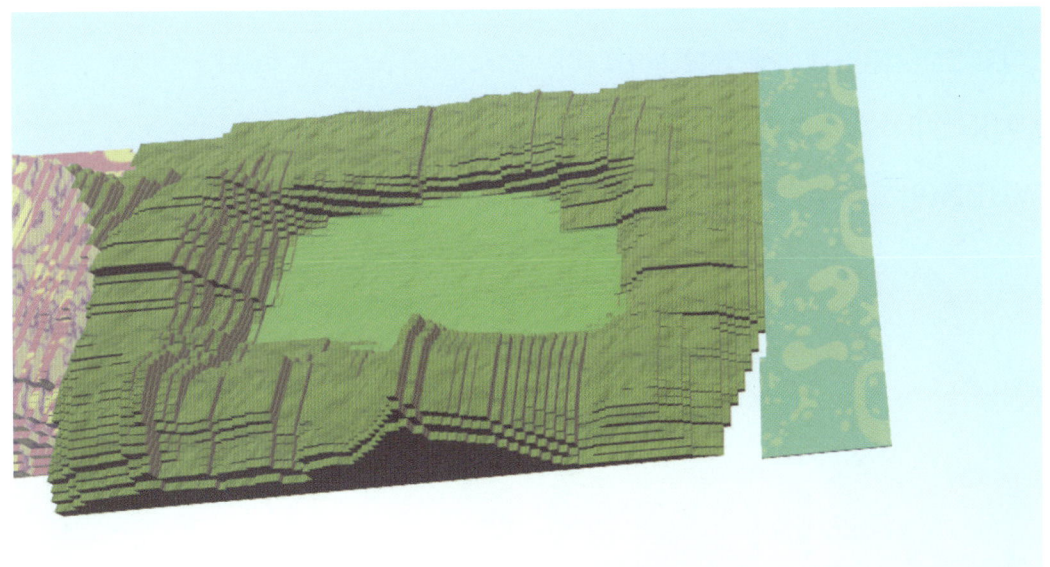

그리고 목표 지점을 표시하기 위해서 나무(오브젝트)를 넣습니다.

그리고 코두(KODU)에 코딩을 합니다.

코두(KODU)에 마우스 오른쪽 클릭을 하고 프로그램을 선택합니다.

〈WHEN(언제)〉에 〈더〉-〈지형위에〉로 지형 위에 명령어를 넣습니다.

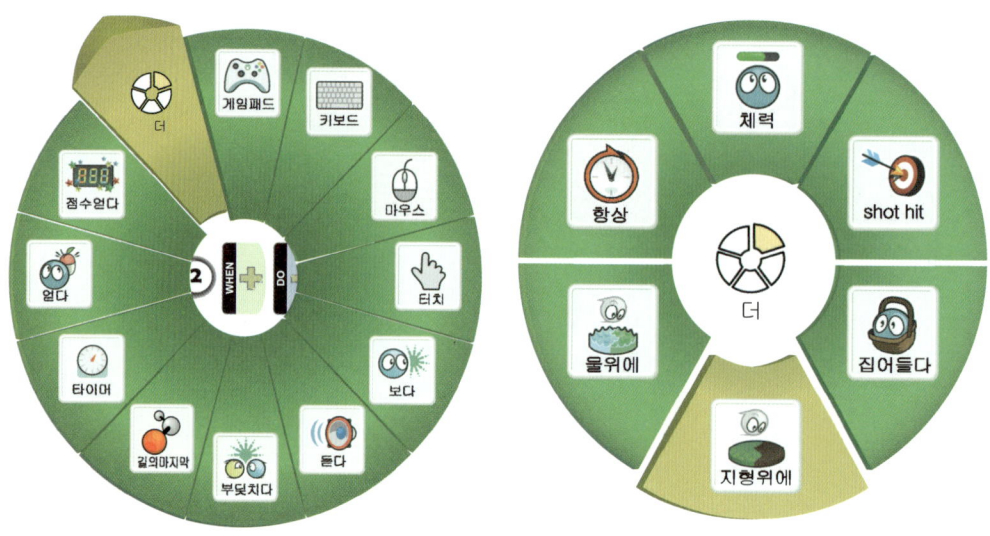

그리고 〈더하기 기호(+)〉를 클릭하여 어떤 지형(땅)인지 고릅니다.

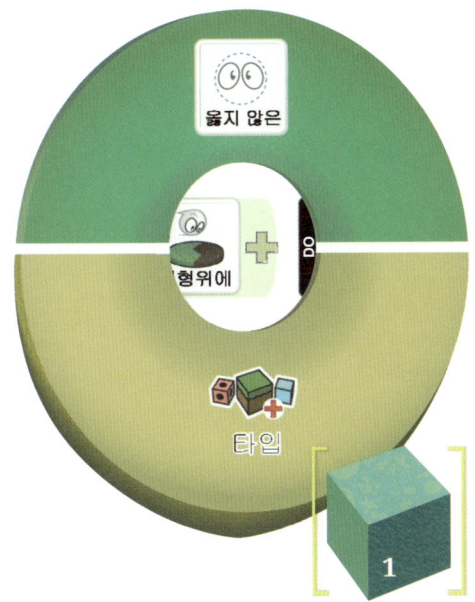

그리고 〈DO(해라)〉에 승리를 넣습니다.(〈게임〉-〈승리〉)

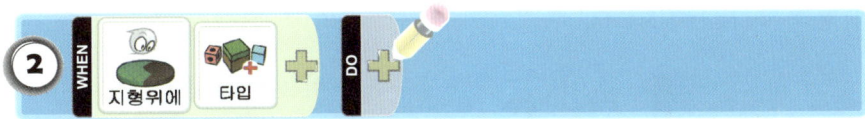

명령어는 외우지 않고 생각하여 찾는다.

〈승리〉는 〈게임〉 명령어 안에 있습니다.

이제 코딩을 완성했습니다. 나무를 향해 열심히 달려가 봅시다.

목표 지점에 도착하면 '이겼다(WINNER)'라는 글이 나옵니다.

그리고 게임을 저장해 보겠습니다.

집 모양의 〈홈 메뉴 돌아가기〉 명령어를 클릭합니다.

그리고 〈월드 저장하기〉를 누릅니다.

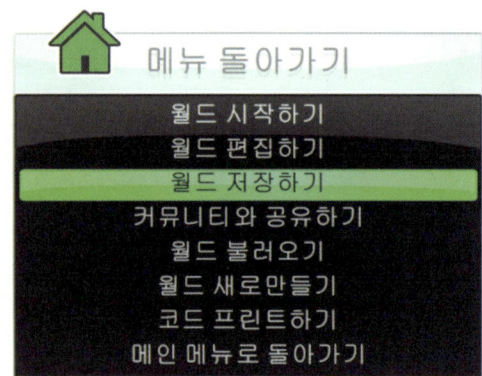

제목과 설명을 쓰고 〈저장하기〉 버튼을 누르면 저장 끝! 어때요? 참 쉽죠?

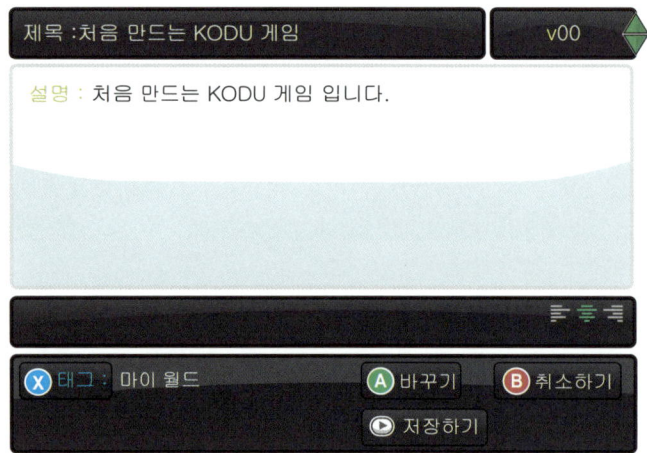

오른쪽 위를 보면 화살표가 보입니다.

게임을 조금 고쳐서 만들 때(새로운 버전) 몇 번 고쳤는지 숫자로 표시해주면 나중에 원하는 게임을 편하게 찾을 수 있습니다.

바뀐 내용을 설명에 적어두면 더 좋겠죠?

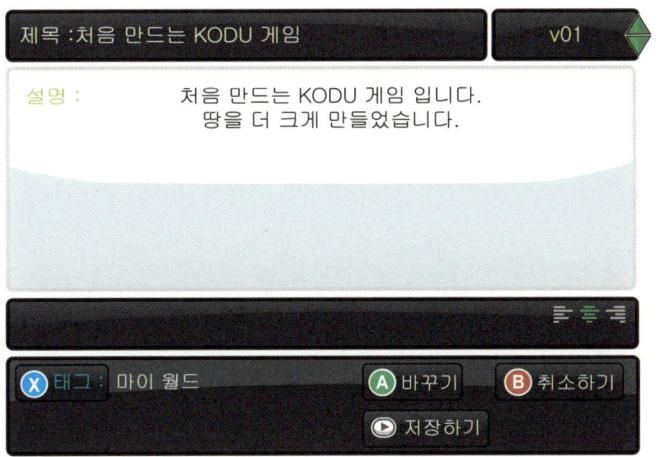

KODU로 게임을 한 번 만들어 봤습니다. 그렇게 어렵지 않았죠?

이 책에 있는 내용을 차근차근 따라하면서 곰곰이 생각하다보면 코딩이 실력이 쑥쑥 커지게 될 것입니다.

사과 먹기 게임 만들기

KODU
GameMaker

Build Games. Play Games. Share Games.

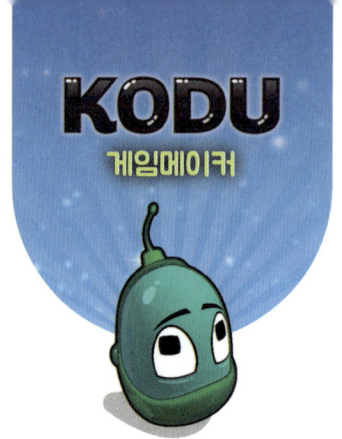

사과 먹기 게임 만들기
1단계

KODU로 여러 가지 게임을 만드는 방법을 알려주는 책들은 많지만, 단순한 게임을 만드는 방법을 설명할 뿐입니다.

이 책에서는 KODU로 한 가지 게임을 만들면서 KODU의 다양한 명령어와 기능을 사용할 겁니다. 이렇게 한 가지 게임을 다양한 명령어와 기능을 사용해서 만들다 보면 코딩 실력이 더욱 좋아지고 KODU를 더욱 잘 이해할 수 있게 됩니다.

우리가 만들게 될 게임은 사과 먹기 게임입니다.
이 게임은 주인공이 사과를 다 먹으면 이기는 게임입니다.

그림처럼 지형을 그리고 나무를 넣습니다. 그리고 오토바이, 풍선, 사과를 넣습니다. 오토바이가 이 게임의 주인공입니다.

그렇다면 풍선은 게임에서 어떤 역할을 할까요?

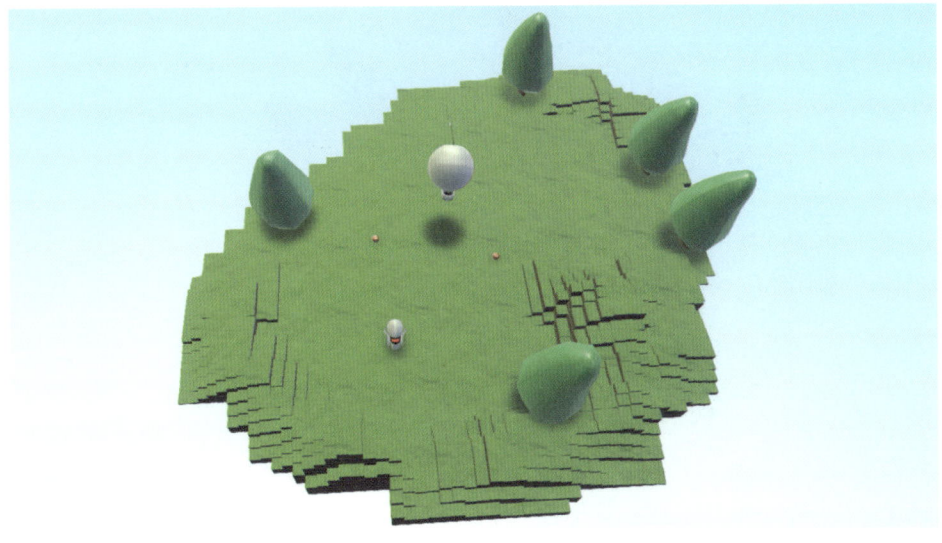

풍선을 왜 넣었는지 생각해 봅시다. 풍선은 축구경기의 심판과 같습니다. 풍선이 사과를 다 먹었는지 확인하고 다 먹으면 게임을 이겼다고 말해주는 것입니다. 이렇게 KODU로 게임을 만들 때 심판을 넣어주면 쉽게 게임을 만들 수 있습니다.

먼저 오토바이를 화살표 키로 움직여 봅시다. 어떻게 하면 될까요?

여기서 많이 실수하는 건데 우리는 오토바이를 움직여야 합니다. 오토바이 말고 풍선 오브젝트를 클릭하고 코딩하면 풍선이 움직이게 됩니다.

오토바이 오브젝트를 클릭하면 노란색 빛이 납니다. 이 노란색 빛이 나는 것이 여러분이 고른 오브젝트입니다.

이렇게 코딩을 하면 오토바이가 움직입니다.

어떻게 하면 사과를 먹을 수 있을까요?

〈부딪치다〉 명령어를 사용하면 됩니다.

WHEN(언제): 부딪쳤는데 부딪친 것은 사과이다.

DO(해라): 먹다 무엇을? 그것을(부딪친 것=사과)

사과를 여러 개 만들고 싶습니다.

 규칙

무엇인가 바꾸거나 넣고 싶을 때는 마우스 오른쪽 버튼을 누른다.

사과를 마우스 오른쪽 클릭을 하고 〈복사하기〉를 누릅니다.

그리고 복사하고 싶은 곳에 가서 마우스 오른쪽 클릭을 하면 〈붙여넣기(사과)〉 명령어가 보입니다.

〈붙여넣기〉 명령어를 클릭하면 사과가 복사됩니다.

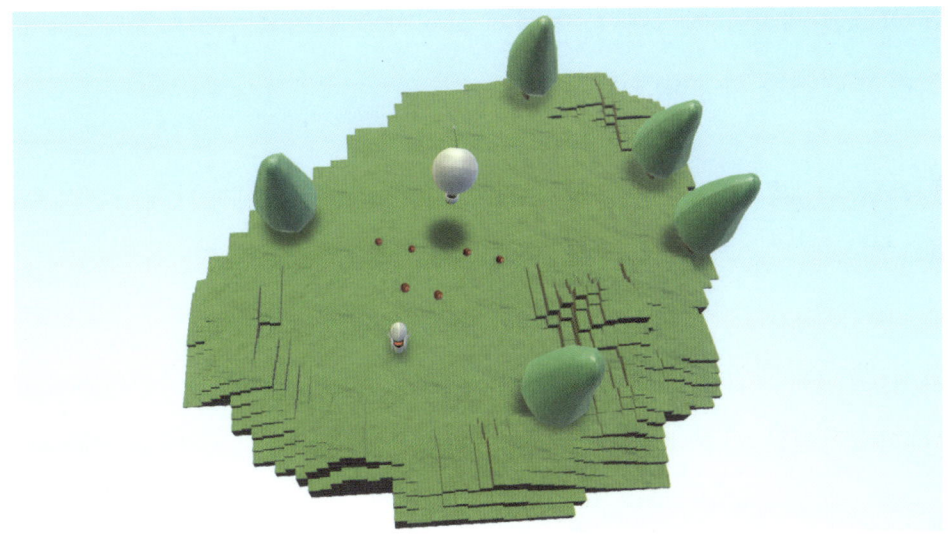

다른 방법으로는 사과를 클릭하고 Ctrl 키와 C 키를 함께 누르면 복사가 됩니다. 그러면 "쏭" 하는 소리가 납니다.

복사하고 싶은 곳에 마우스를 두고 Ctrl 키와 V 키를 함께 누르면 붙여넣기가 됩니다.

 규칙

단축키는 외워서 사용한다.

　　복사하기: Ctrl+C
　　붙여넣기: Ctrl+V

이렇게 단축키를 외워두면 게임을 더 빠르고 쉽게 만들 수 있습니다.

풍선을 클릭합니다.

사과를 다 먹으면 게임을 이깁니다. 어떻게 코딩하면 될까요?

바로 〈보다〉 명령어를 사용하면 됩니다.

사과를 보지 않아야 게임을 이기게 됩니다.

〈옳지 않은〉 명령어는 이렇게 반대를 말할 때 사용합니다.

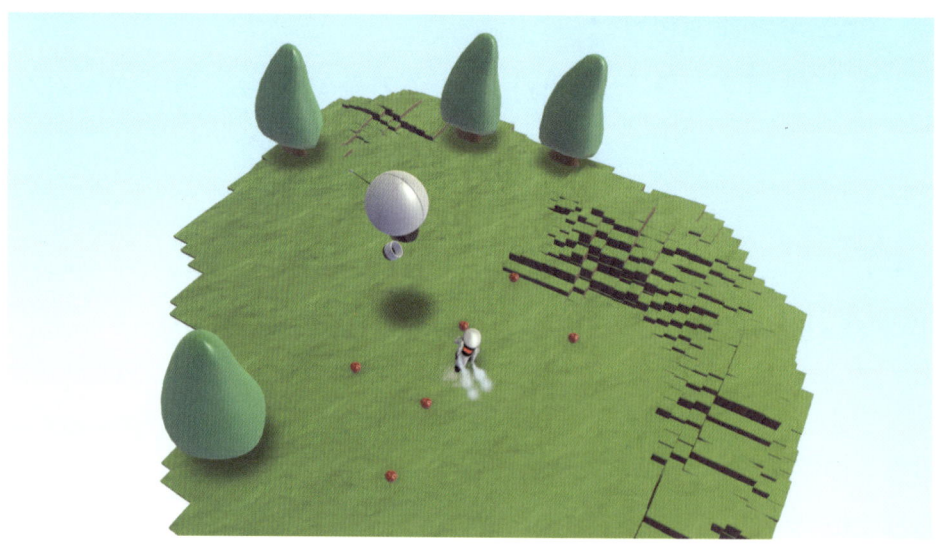

배경 음악도 넣어볼까요? 이런 〈배경 음악〉 명령어를 넣는 것도 심판에게 하면 좋습니다.

풍선에게 코딩을 해봅시다. (오른쪽 클릭-프로그램)
〈재생하다〉 명령어를 잘 찾아서 코딩을 완성해 봅시다.

소리가 마음에 들지 않는 경우 바꾸고 싶습니다. 바꾸고 싶은 명령어를 마우스 오른쪽 클릭을 하고 〈타일 잘라내기〉를 하면 명령어가 지워집니다.

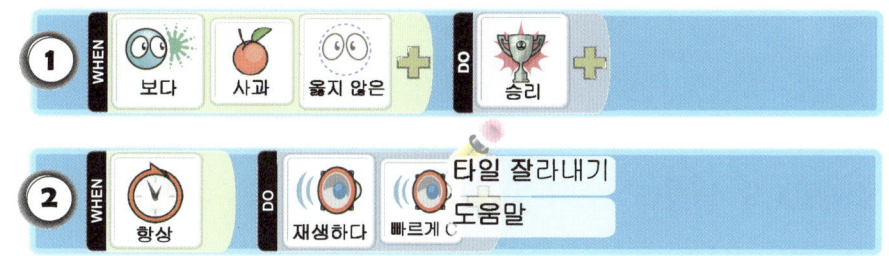

또는 명령어를 클릭하고 Delete 키를 눌러도 명령어가 지워집니다.

명령어를 어떻게 사용하는지 궁금할 때는 도움말을 클릭하면 됩니다.

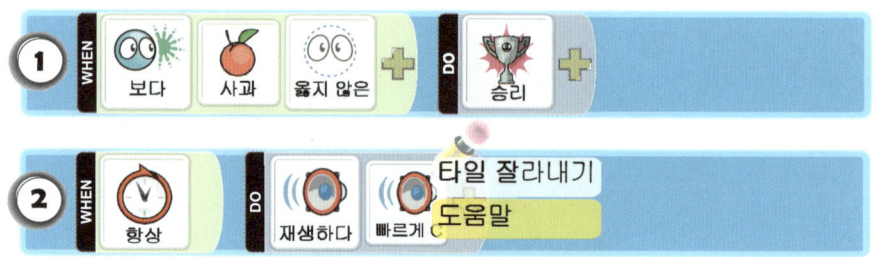

Fast, driving music.

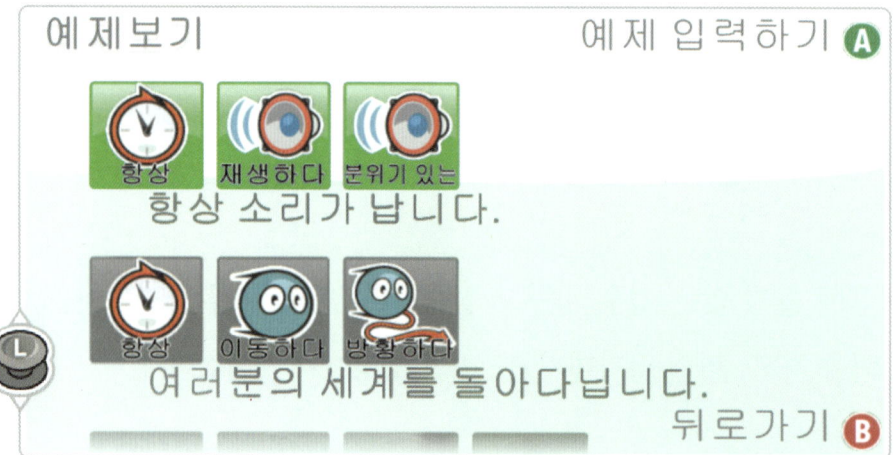

> 규칙
> 도움말(도구 팁, 힌트)을 잘 이용한다.

먹은 사과 개수를 보여주면 좋지 않을까요?

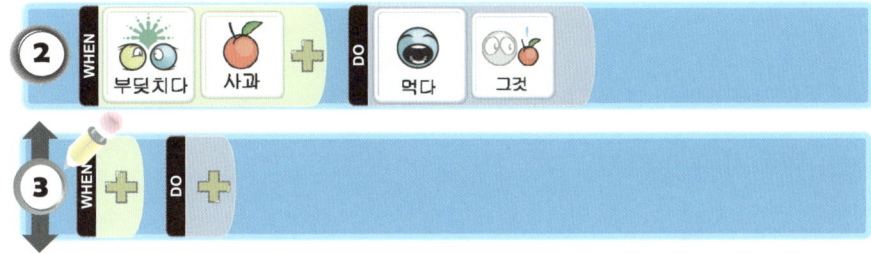

이 부분은 정말 중요한 부분입니다. 명령어를 2개 이상 사용해야 하는 경우가 있습니다.

다음을 KODU식으로 바꾸어 표현해보겠습니다.

'배가 고프면 밥을 먹어라.
그리고 항상 양치질을 해라.'

KODU는 이것을 오른쪽으로 한 칸 밀어서 표현합니다. 이것이 〈그리고〉 사용방법입니다.

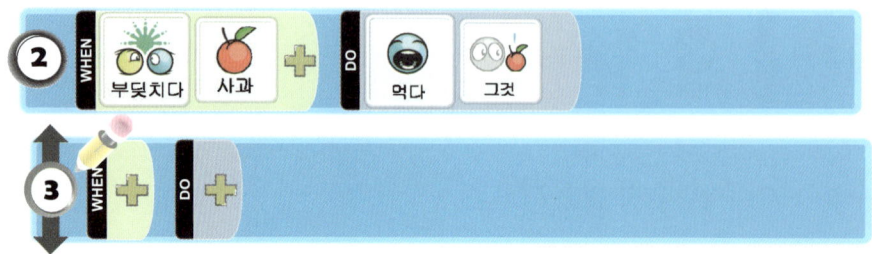

마우스로 다음에 할 명령어를 고르고 엔터 키를 칩니다.
그리고 화살표 오른쪽 키를 누르고,

엔터를 치면 됩니다.

〈WHEN(언제)〉 사과와 부딪치면 〈DO(해라)〉 그것을 먹고

〈그리고〉 〈WHEN(언제)〉 항상 〈DO(해라)〉 빨간색 점수를 1점(포인트) 더해라.

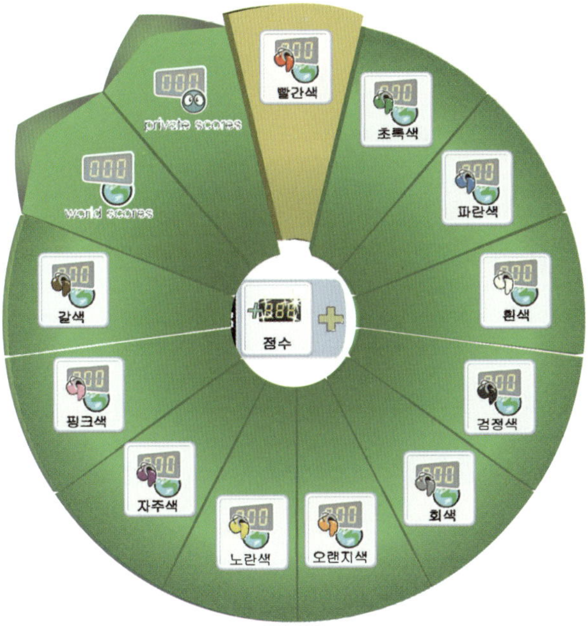

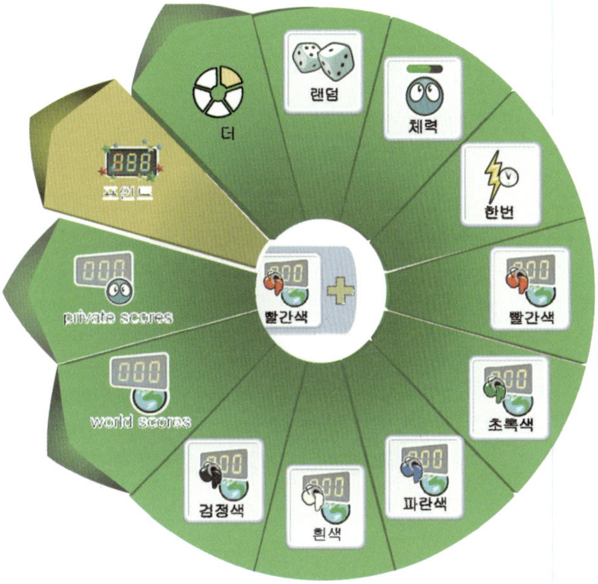

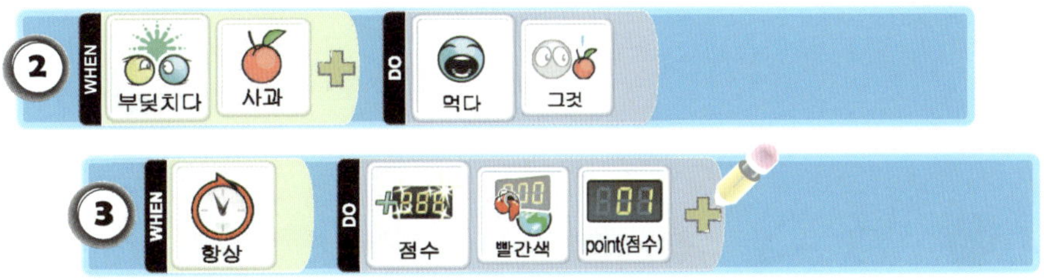

ESC 키를 눌러서 게임을 시작하고 사과를 먹으면 점수가 오른쪽 위로 날아가면서 더해집니다.

이 효과를 바꿀 수 있습니다.

〈월드 설정 바꾸기〉 명령어를 클릭합니다. 이 명령어는 게임의 설정을 바꿀 때 사용합니다.

월드설정 바꾸기

점수가 빨간색이니 빨간색 점수 표시를 선택하고 〈라벨 가장자리 표시〉를 클릭합니다.

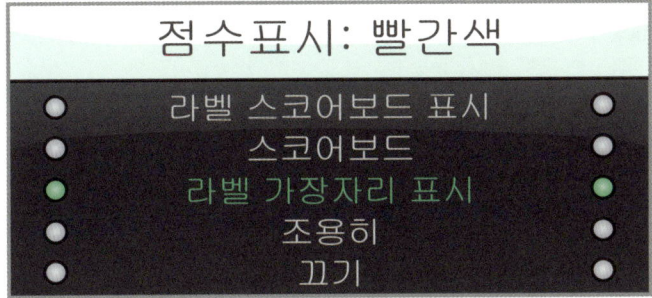

그리고 '먹은 사과 수'라고 쓰고 OK 버튼을 누릅니다.

사과를 먹으면 먹은 사과 수가 올라갑니다.

소리도 내고 싶습니다. 〈그리고〉를 사용합니다.

KODU는 위에서 아래로 명령어를 실행합니다.

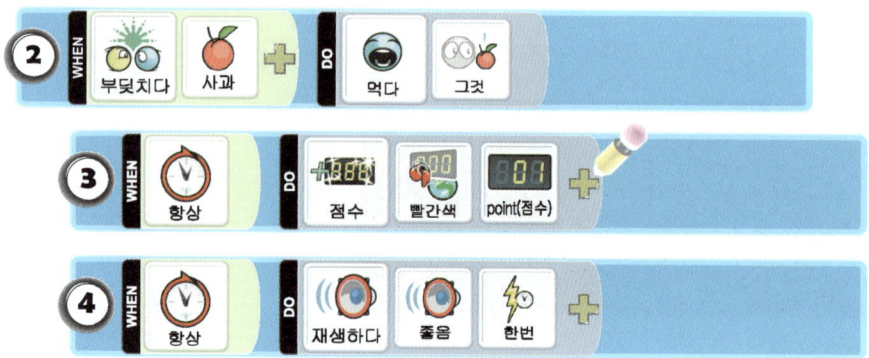

위와 같이 해도 좋고, 〈그리고〉 안에 〈그리고〉를 써도 됩니다. 점수를 올리고 소리를 내는 것이죠.

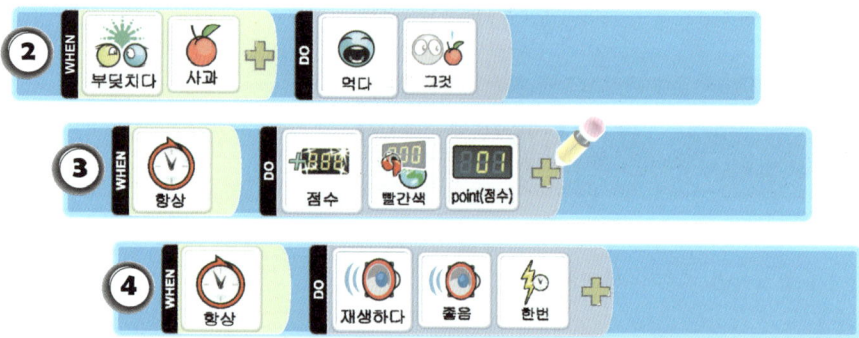

이제 남은 사과의 수를 표시하고, 사과를 먹으면 남은 사과 수를 줄이고 먹은 사과 수는 올라가게 하고 싶습니다.

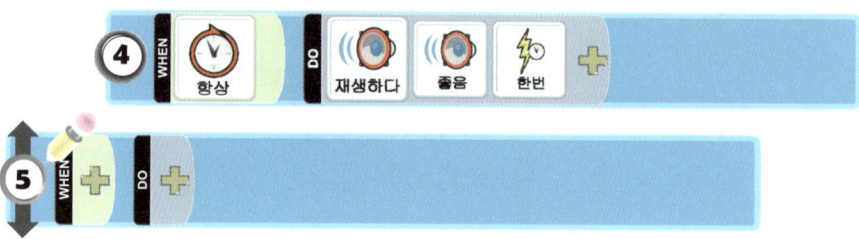

자주색(보라색)으로 남은 사과의 수를 나타내 보겠습니다.

게임에서 사과 6개를 넣었습니다. 그런데 6개라는 숫자는 없습니다.

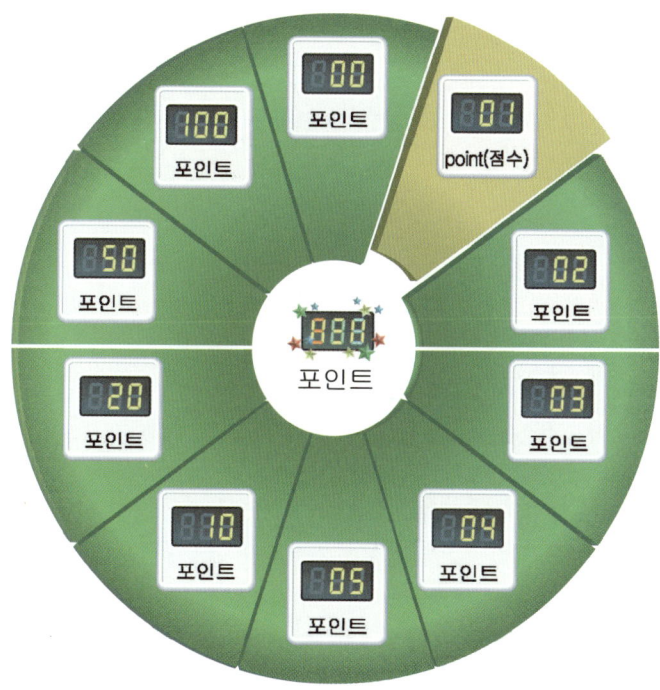

이렇게 하면 1 더하기 5가 되어서 6이 됩니다.

WHEN에 아무것도 없으면 〈항상〉이라는 뜻입니다.

이 책에서는 WHEN에 〈항상〉 명령어를 사용하겠습니다.

다음과 같이 코딩을 하면 어떻게 될까요?

사과를 먹어도 남은 사과 수가 줄어들지 않습니다.

왜냐하면 코딩 중에 항상 자주색(보라색) 점수를 6으로 하는 명령어가 있기 때문입니다.

어떻게 하면 될까요?

사과 먹기 게임 만들기
2단계

점수를 뺄 때는 〈페이지(종이) 전환하기(바꾸기)〉를 사용하면 됩니다.

우리는 오브젝트에 코딩을 하는데 오브젝트는 페이지(종이)에 있는 명령어를 보고 어떤 행동을 한다고 생각하면 됩니다.

그런데 오브젝트는 하나의 페이지(종이)만 볼 수 있습니다. 만약 페이지(종이) 1에서 페이지(종이) 2로 바꾸면(전환하기) 페이지(종이) 2에 있는 명령어만 실행합니다.

점수를 정하는 명령어와 어떤 조건일 때 점수를 빼는 명령어를 한 페이지에 두면 안 됩니다. 아무리 점수를 빼도 다시 원래 정했던 점수로 돌아가기 때문입니다.

스크래치로 표현하면 이런 거죠.

우선 점수를 정하고 〈그리고〉를 이용하여 페이지(종이) 2로 바꿉니다(전환하기).

위쪽에 있는 R(오른쪽) 버튼을 누르거나 Tab 키를 눌러서 페이지(종이) 2로 가 볼까요?

아무것도 없는 페이지(종이) 2에 그림과 같이 코딩을 합니다.

게임을 시작하면 자주색 점수를 6으로 정하고 페이지(종이) 2로 바꿉니다. 그리고 1초마다 자주색 점수를 1씩 뺍니다. 테스트를 해보니 남은 사과 수가 1초가 지날 때마다 1씩 줄어듭니다.

그런데 화살표 키를 눌러도 코두(KODU)가 움직이지 않습니다. 왜냐하면 페이지(종이) 2에는 화살표 키를 눌렀을 때 움직이라는 명령어가 없기 때문입니다. 위쪽에 있는 L버튼(왼쪽)을 누르거나 Shift+TAB 키를 눌러서 페이지(종이) 1로 가봅시다.

복사하려는 명령어 줄 번호를 클릭하고 오른쪽 버튼을 눌러서 〈줄 잘라내기〉를 클릭하거나 Ctrl 키와 X 키를 함께 누릅니다. Ctrl+X 키는 잘라내기 명령어의 단축키입니다.

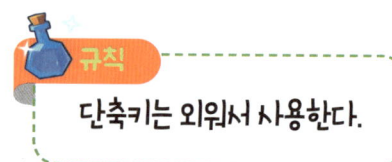

〈그리고〉로 연결된 명령어는 맨 위에 있는 것을 잘라내면 연결된 명령어가 모두 잘라내어 집니다.

그리고 페이지(종이) 2로 가서 붙여넣기 하고 싶은 명령어 줄 번호를 클릭하고 붙여넣기를 합니다. 잘라내기와 마찬가지로 오른쪽 클릭을 해서 〈줄 붙여넣기〉 명령어를 고르거나 Ctrl 키와 V키를 함께 누릅니다.

단축키
복사하기: Ctrl+C
잘라내기: Ctrl+X
붙여넣기: Ctrl+V

명령어 1번 줄을 바꿉니다.

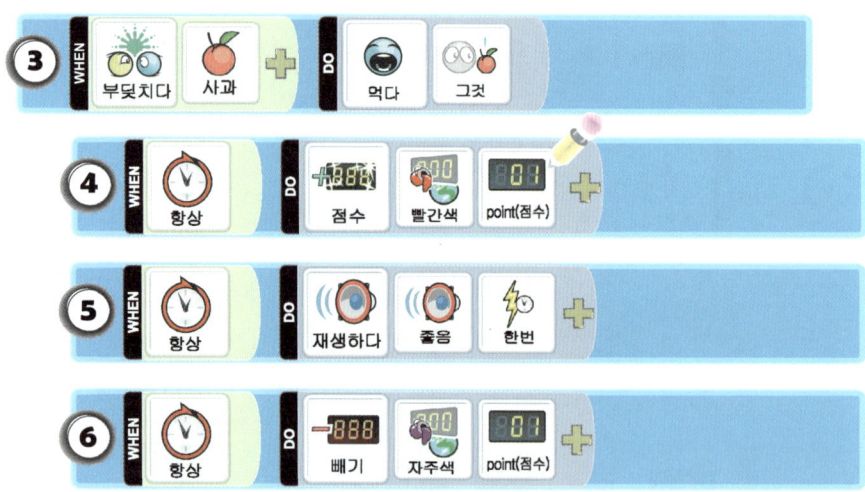

그리고 코딩한 것을 보기 좋게 하기 위해서 2번줄 명령어와 위치를 바꿉니다.
사과를 먹을 때 자주색 점수를 1점 빼는 것으로 명령어를 바꿉니다.

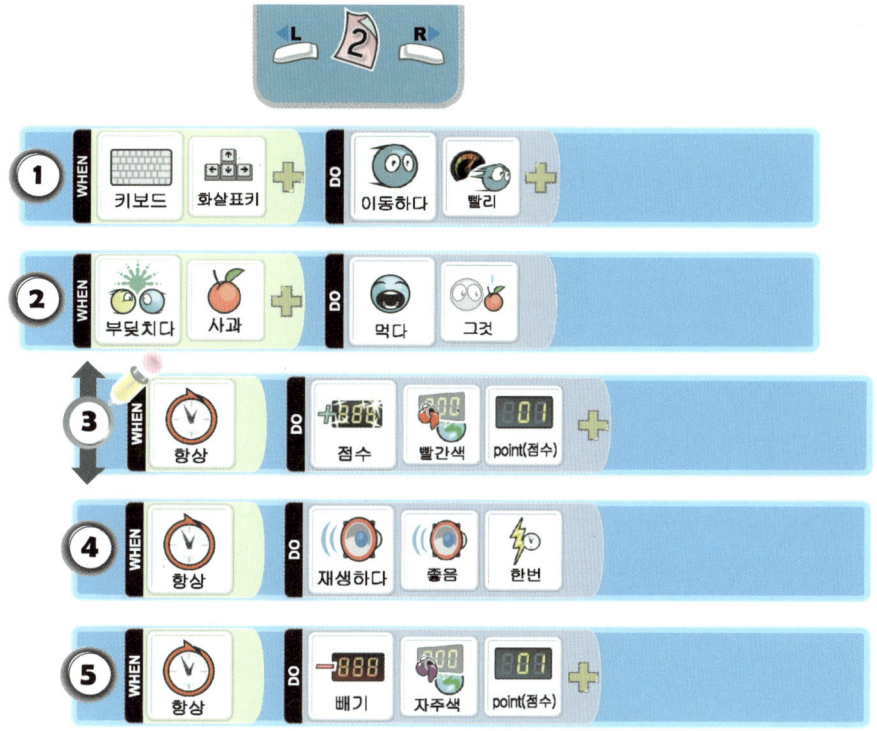

어때요? 참 쉽죠?

사과 먹기 게임 만들기
3단계

게임 더 재미있게 만들기 위해 적을 만들어 보겠습니다.

적과 부딪치면 체력이 떨어지고 체력이 0이 되면 게임에서 지게 됩니다.

먼저 푸쉬패드를 넣겠습니다.

푸쉬패드를 코딩해 보겠습니다.

푸쉬패드는 사이클(오토바이)을 보면 그쪽을 향하여 이동합니다.

이제 명령어를 보면 어떤 뜻인지 잘 알겠죠?

푸쉬패드는 사이클(오토바이)과 부딪치면 그것에 50만큼 피해를 줍니다. 즉, 체력을 깎는 거죠.

그리고 푸쉬패드를 여러 개 복사해 봅시다. 오른쪽에 온도계가 보이는데 오브젝트를 여러 개 넣을 때마다 온도가 높아집니다. 온도가 높아지면 컴퓨터가 힘들어집니다. 너무 많은 계산을 해야 하기 때문이죠.

테스트를 하고 푸쉬패드에 부딪혀봅시다.

부딪치면 사이클(오토바이)이 펑 하고 터집니다. 왜 그럴까요?
사이클(오토바이)의 체력이 작기 때문이죠.

 **무엇인가 바꾸거나 넣고 싶을 때는 오른쪽 버튼을 누른다.**

체력을 바꾸고 싶으니 마우스 오른쪽 클릭을 하면 〈옵션 설정하기〉가 나옵니다.
이것을 클릭하면 공격 포인트가 나오는데 이 공격 포인트가 체력입니다.

〈공격 포인트 보기〉를 하면 사이클(오토바이) 위에 체력이 나타납니다.
〈최대 공격 포인트〉는 최대 체력입니다.

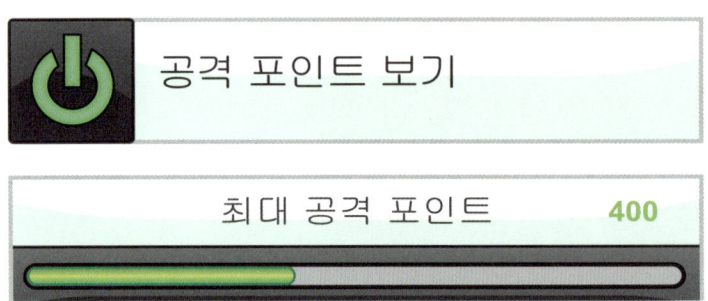

이 〈최대 공격 포인트〉값을 바꿔서 체력을 늘릴 수 있습니다. 마우스나 화살표 키로 값을 바꿀 수 있습니다.

피해를 주는 정도를 바꾸거나 체력을 바꿔서 게임의 난이도를 다르게 해봅시다.

풍선은 게임에 이겼는지 졌는지를 판단하는 심판이죠?

풍선에 지는 경우도 코딩합니다.

사이클(오토바이)을 보지 못하면, 즉 사이클(오토바이)이 터지면 지게 됩니다.

〈끝내기〉 명령어는 게임에서 졌다는 것을 나타냅니다.

다양한 적을 만들어 볼까요?

푸쉬패드를 복사하면 코딩한 것도 같이 복사가 됩니다.

화살표 키와 마우스 휠로 고르고 싶은 것을 바꿀 수 있다.

푸쉬패드를 클릭하면 화살표 키와 마우스 휠로 색깔을 바꿀 수 있습니다.

복사된 푸쉬패드의 프로그램을 보면 명령어가 복사된 것을 볼 수 있습니다.

색깔을 바꾼 푸쉬패드의 크기를 바꿔 보겠습니다.

무엇인가 바꾸거나 넣고 싶을 때는 마우스 오른쪽 버튼을 클릭한다.

〈크기 조절하기〉 명령어를 클릭하면 크기를 바꿀 수 있습니다.

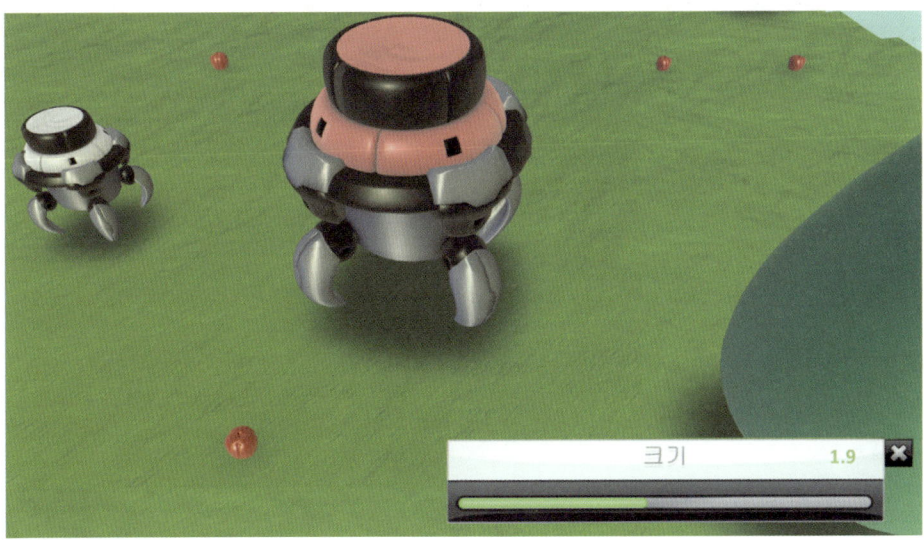

그리고 〈옵션 설정하기〉로 움직이는 빠르기를 바꿀 수 있습니다.
〈전진 속도 곱하기〉는 움직이는 속도를 말합니다.

| 전진 속도 곱하기 | 1.0 |

〈회전 속도 곱하기〉는 회전하는 속도를 말합니다.

| 회전 속도 곱하기 | 1.0 |

〈가속도 곱하기〉는 점점 빨라지는 정도를 말합니다.

| 전진 가속도 곱하기 | 1.0 |

| 회전 가속도 곱하기 | 1.0 |

이렇게 값을 막대 모양으로 나타낸 것은 화살표 키나 마우스로 값을 바꿀 수 있습니다. 다양한 빠르기로 움직이는 적을 만들면 게임이 더욱 재미있어집니다.

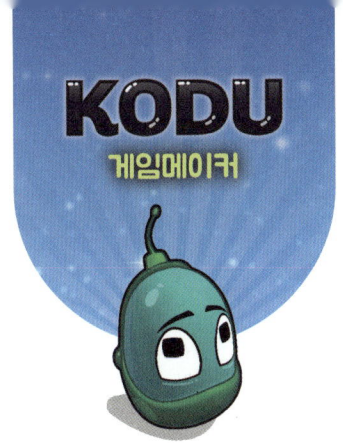

사과 먹기 게임 만들기
4단계

이제 체력을 높여주는 아이템을 만들어 봅시다.

풍선이 이리저리 움직이면서 체력을 높여주는 아이템을 주게 만들어 보겠습니다.

아래 그림과 같이 코딩을 하면 풍선이 이리저리 움직입니다.

그런데 이렇게 코딩을 하면 풍선이 너무 멀리 가는 경우가 있습니다.

어떻게 하면 될까요? 바로 패스를 이용하면 됩니다.

패스도구: 패스 추가/수정하기

다음 장에서 레이싱 게임을 만들면서 패스에 관해 배워 보도록 하겠습니다.

레이싱 게임 만들기

KODU
GameMaker

Build Games. Play Games. Share Games.

레이싱 게임 만들기
1단계

이제 레이싱 게임을 만들어 보겠습니다.

다양한 적과 함정을 피해서 목표지점에 도착하는 것입니다.

패스를 이용하면 쉽게 길을 만들 수 있습니다.

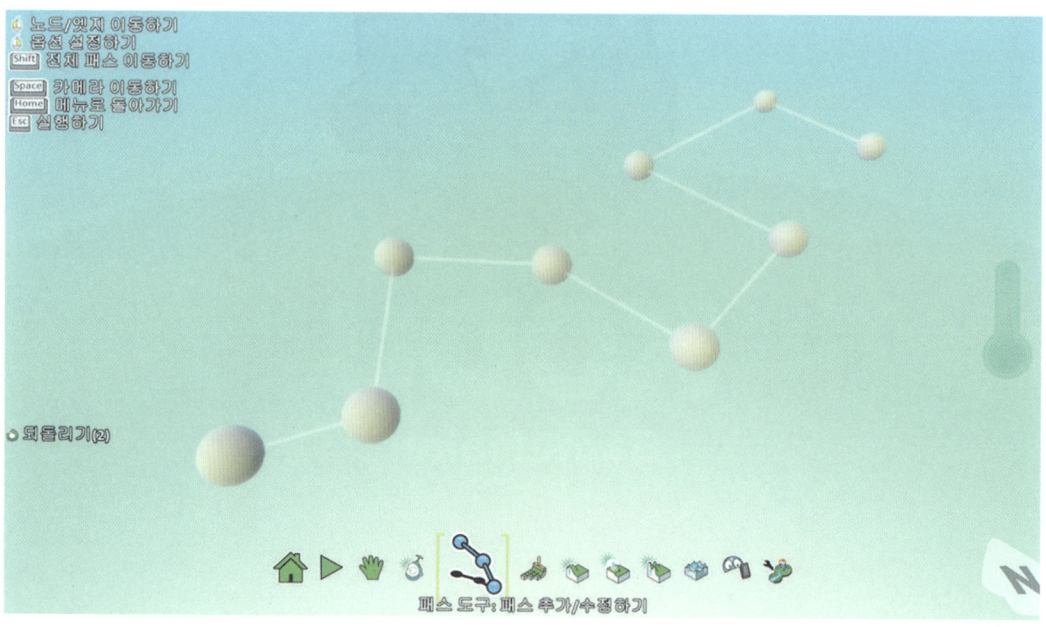

〈패스 도구〉 명령어를 선택하고 게임화면을 클릭하면 선으로 연결된 점이 나오는데 이것이 패스(길)입니다.

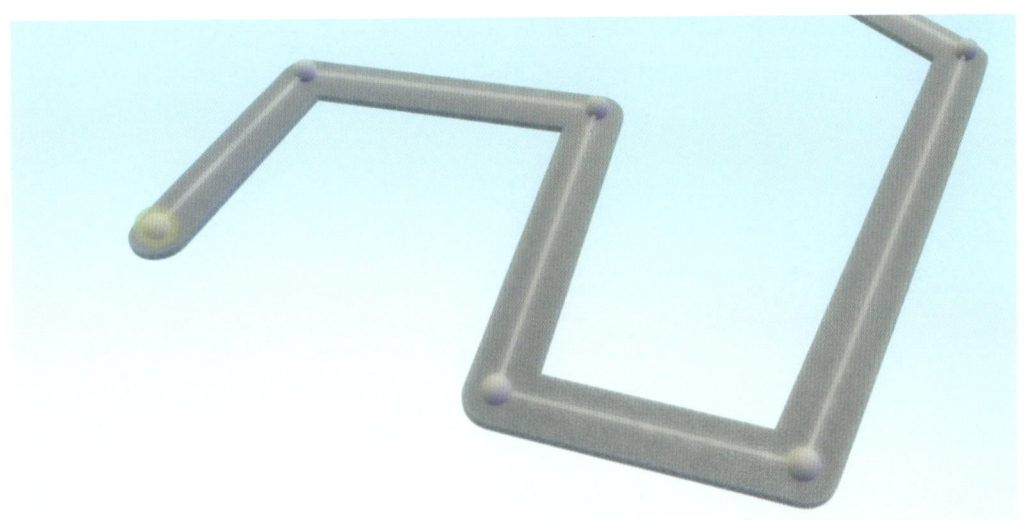

도움말을 보면 화살표 위아래 키로 패스의 종류를 바꿀 수 있다는 것을 알 수 있습니다.
이렇게 길을 만듭니다.

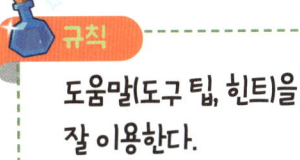

규칙

도움말(도구 팁, 힌트)을 잘 이용한다.

🖱 노드/엣지 이동하기
🖱 옵션 설정하기
[Shift] 전체 패스 이동하기
[Space] 카메라 이동하기
[Home] 메뉴로 돌아가기
[Esc] 실행하기

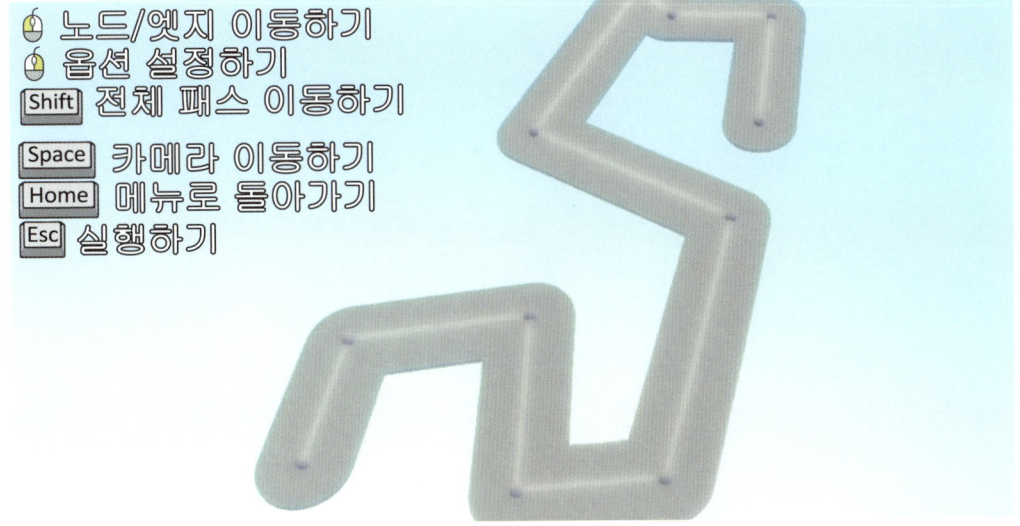

길을 이어서 만들고 싶을 때가 있습니다.

이럴 때는 〈패스 도구〉를 선택한 상태에서 패스(길) 점을 오른쪽 클릭을 합니다. 이 점을 노드(점)라고 하는데 〈노드 추가하기〉를 누르면 노드(점)를 더 넣어서 길을 더 만들 수 있습니다.

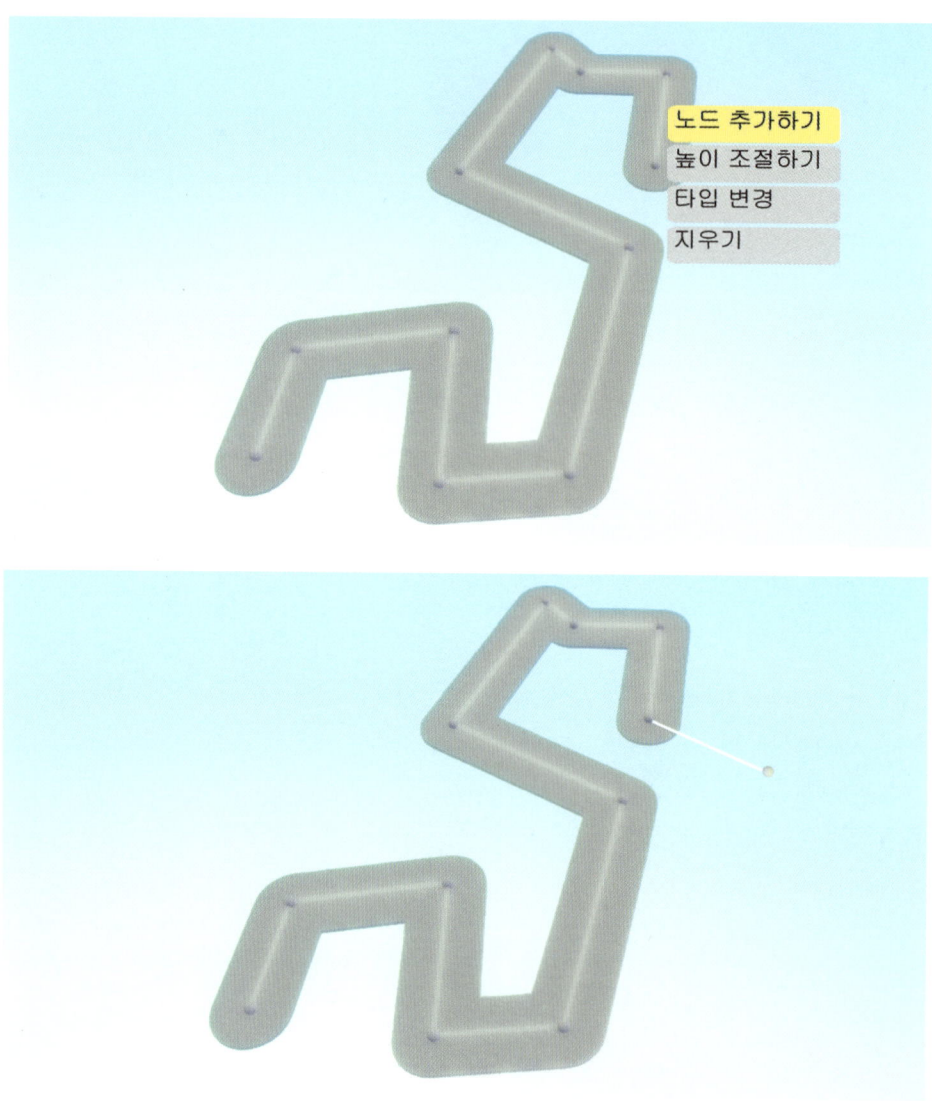

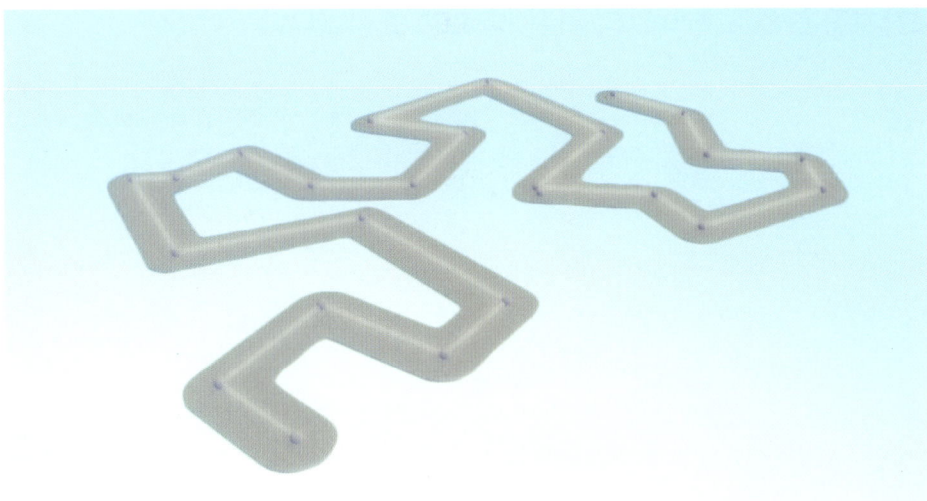

게임 화면을 한 번 바꿔볼까요?

〈월드 설정 바꾸기〉 명령어를 누르고 하늘과 빛을 바꿔봅시다.

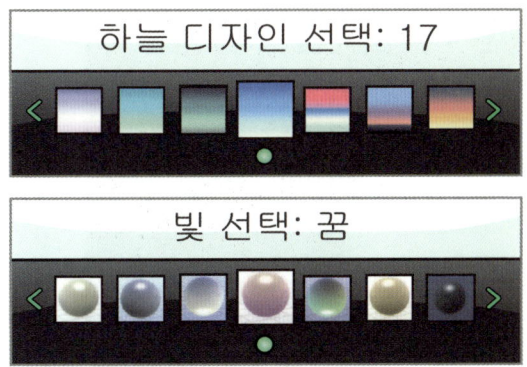

그리고 도착지점을 새로운 색깔의 지형(땅)으로 표시합니다.

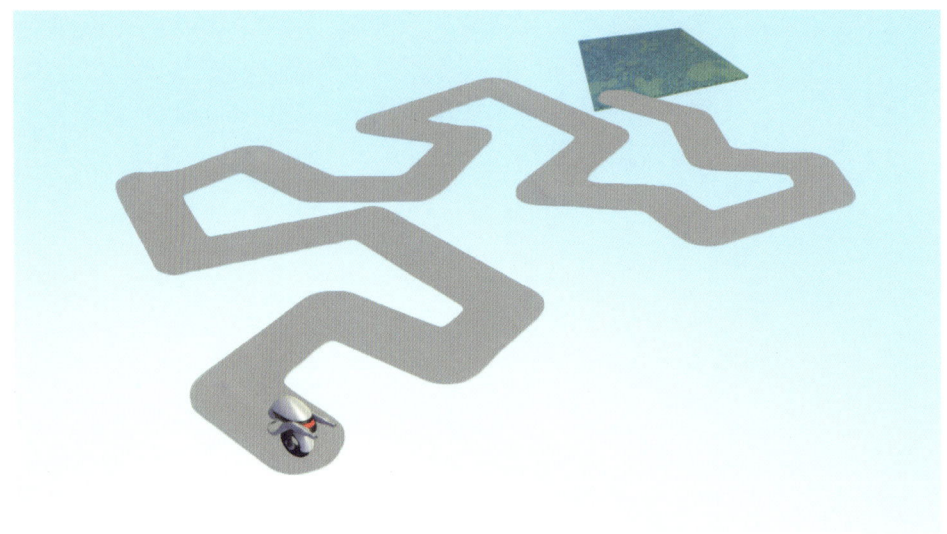

게임을 만들다보면 가끔씩 화면이 이렇게 보이는 경우가 있습니다.

이럴 때는 당황하지 말고 지형 주변에 새로운 지형을 그려주면 됩니다.

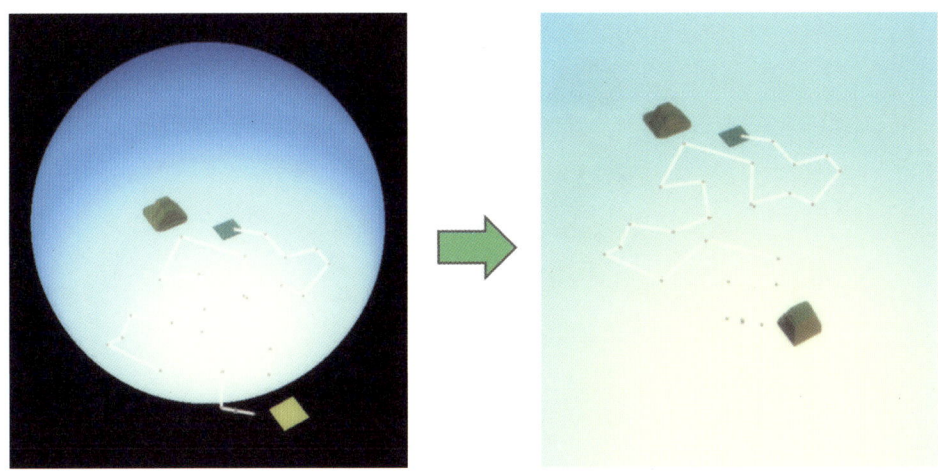

어때요 참 쉽죠?

패스 전체를 움직일 수 있습니다.

Shift 키를 누른 상태에서 패스 노드(점)를 선택하면 연결된 노드(점)를 모두 선택할 수 있습니다.

그리고 마우스 오른쪽 클릭을 하면 〈회전하기〉 명령어가 나옵니다.

이렇게 연결된 패스 전체를 움직일 수 있습니다.

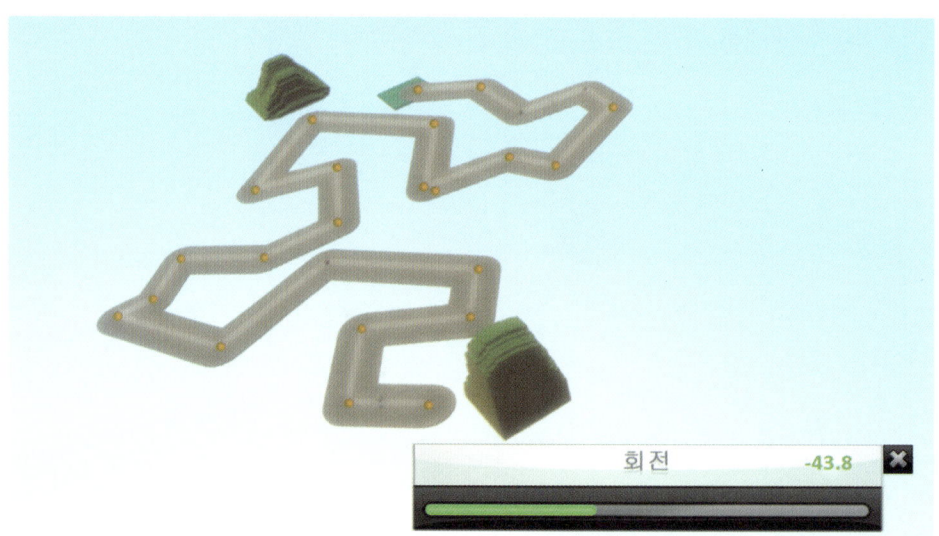

모두 지우는 것도 가능합니다.

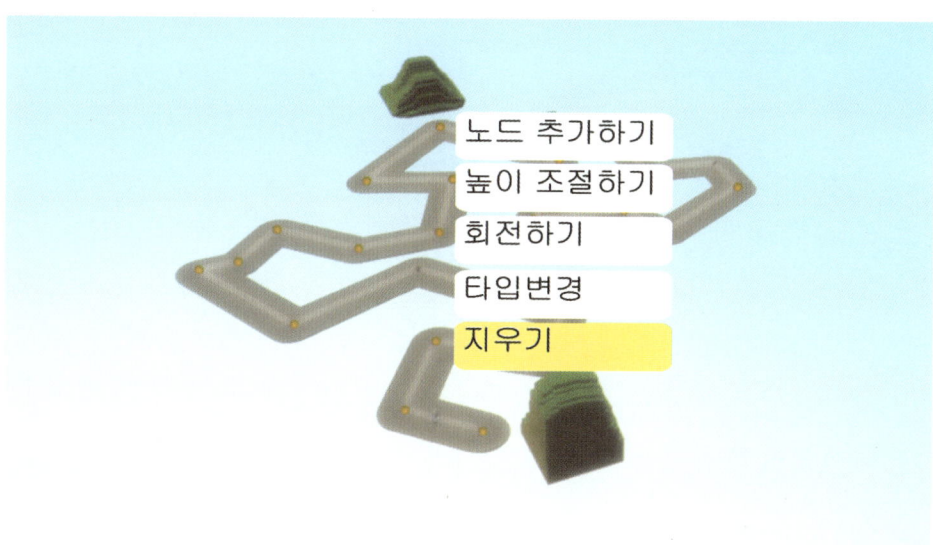

노드(점)를 하나 선택해서 높이도 바꿀 수 있습니다.

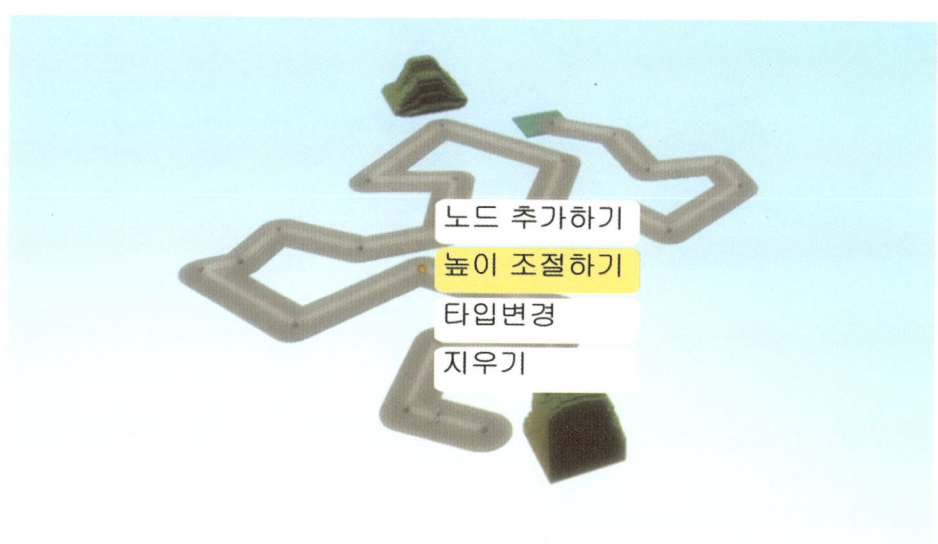

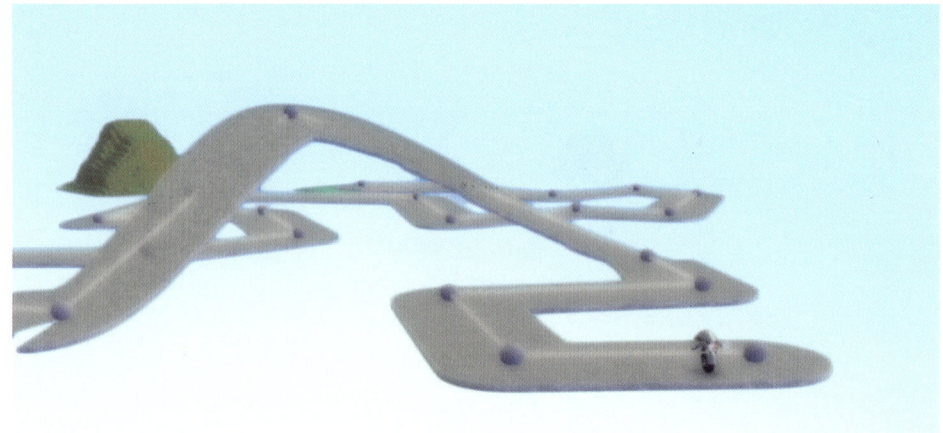

당연히 오브젝트처럼 색깔도 바꿀 수 있습니다.

잔디 벽에 대해서도 알아 보겠습니다.

잔디 벽은 지형(땅)에서 떨어지는 것을 막아주는 투명한 벽을 말합니다.

잔디 벽을 사용하지 않으면 오브젝트가 지형(땅) 아래로 떨어질 수 있습니다.

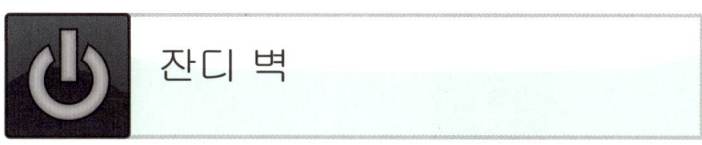

패스를 잘 만들어서 멋진 레이싱 도로를 만들어 봅시다.

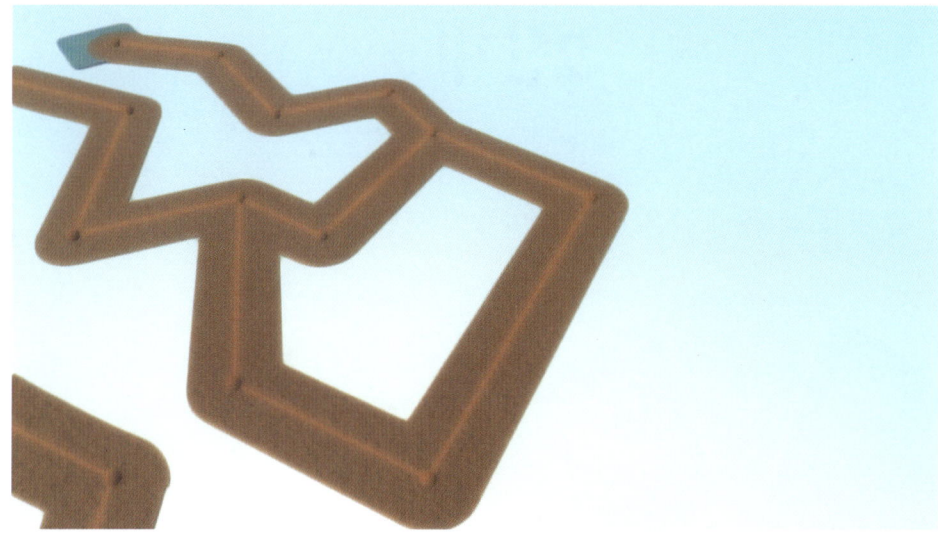

그리고 제한 시간도 만들어야겠죠?

레이싱 게임 만들기
2단계

제한 시간을 만들 때 풍선 같은 심판을 만들어 코딩하면 편합니다.

제한 시간은 어떻게 만들면 될까요?

시간을 정하고 게임을 시작하면 시간이 점점 줄어들면 됩니다.

남은 사과 수를 코딩했던 것처럼 페이지(종이)를 이용하면 되겠죠?

풍선에 코딩을 합니다. 페이지(종이) 1입니다.

오렌지색으로 시간을 표시합니다.

게임 시간을 120초로 정합니다.

페이지(종이) 2입니다.

1초마다 오렌지색 점수를 1씩 뺍니다.

언제 게임이 끝나게 되나요?

오렌지색 점수가 0보다 작거나 같으면 게임이 끝나는 거죠?

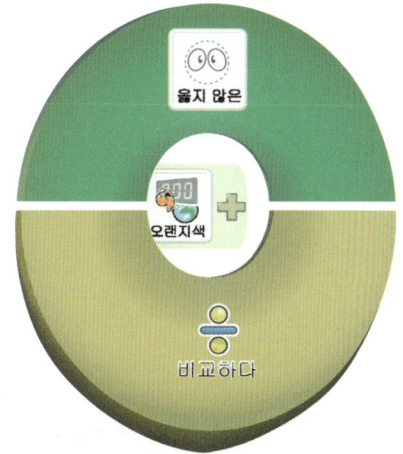

주황색 점수를 〈라벨 가장자리 표시〉로 하고 '남은 시간'이라고 씁니다.

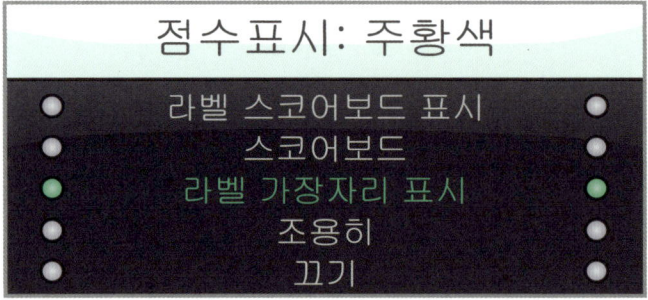

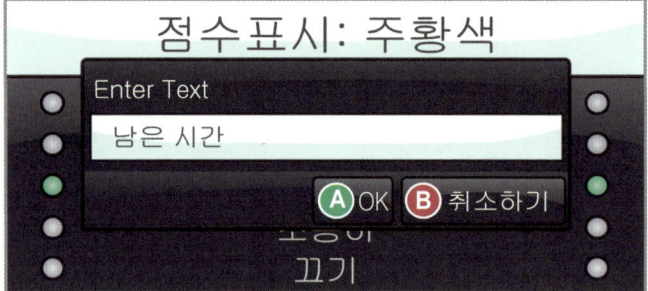

그리고 〈카메라 모드〉도 바꿔봅시다.

카메라는 우리가 게임을 보는 방법을 말합니다. 보는 방법은 총 3가지입니다. 직접 카메라 모드를 바꿔보면 쉽게 이해할 수 있습니다.

〈위치 고정〉은 보는 방향을 고정한다는 뜻입니다. 즉, 움직이지 않고 카메라로 촬영하는 겁니다.

〈위치 고정〉을 선택하고 〈카메라 설정〉 버튼을 클릭합니다.

〈카메라 이동〉 명령어와 똑같습니다. 마우스를 이용해서 보는 방향을 정합니다.

```
[Enter] 확인하기
🖱 카메라 이동하기
🖱 카메라 회전하기
[PgUp] [PgDn] 줌인/줌아웃 하기
```

그리고 엔터키를 누르면 카메라가 보는 곳이 정해집니다.

카메라를 원하는 위치로 이동시킨 후 [Enter]를 누루세요.

사이클(오토바이)이 이동해도 보는 방향이 바뀌지 않습니다.

〈거리/방향 고정〉 모드도 사용해 볼까요?

카메라가 따라서 움직이지만 회전을 하지 않습니다.

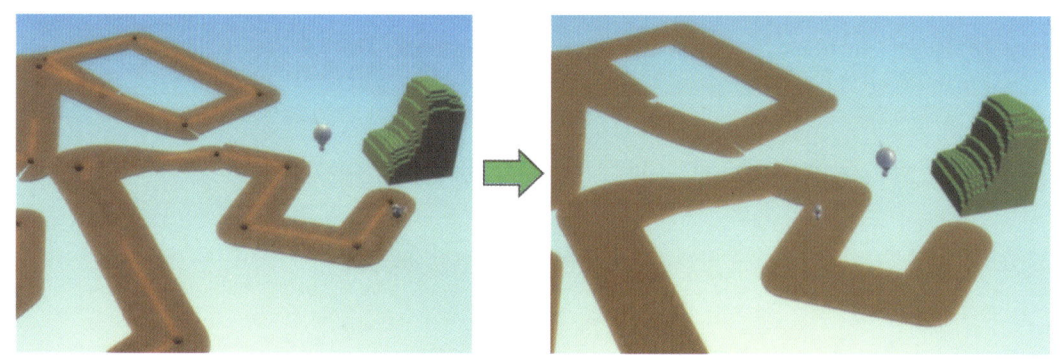

오른쪽  버튼을 누르면 자세한 설명이 나옵니다.

게임이 진행되는 중에도 카메라가 움직이는 방식을 바꿀 수 있게 해줍니다.
"위치 고정"선택은 게임이 진행될 때 카메라가 움직이지 않게 합니다. 이 설정은 캐릭터의 위쪽 하늘에서 화면이 보여져야 하는 적과 싸우는 유형의 게임에서 유용합니다. 와이드스크린 디스플레이에서는 보여지는 모습이 달라질 수 있습니다.
"화면 고정" 선택은 카메라와 물체 사이에 일정한 거리와 방향이 유지됩니다. 또는 마우스의 화살표나 로봇과도 그렇게 할 수 있습니다. 이 설정은 화면이 옆으로 흘러가야 할 때 유용합니다.
"자유 이동" 선택은 기본 값이고, 카메라를 고정하거나 따라다니게 설정하기 전까지 카메라가 자유롭게 이동하도록 합니다.

Ⓐ 계속하기

〈고정 해제〉는 KODU 프로그램의 기본 모드입니다.

카메라가 따라가는 것으로, 오브젝트가 회전하면 카메라도 따라서 회전합니다.

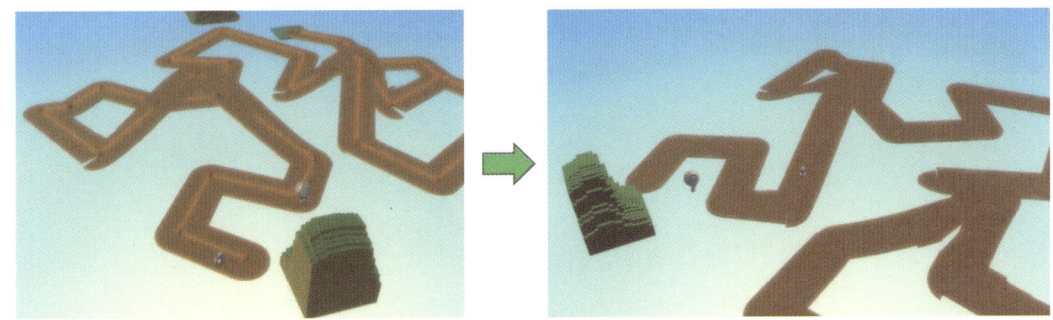

이제 키보드로 〈카메라 모드〉를 바꿔볼까요?

A 키를 누르면 일인칭 시점이 됩니다. 즉 자신이 게임이 주인공이 된 것처럼 게임 화면이 보이게 됩니다.

문자 명령에서 알파벳을 찾을 수 있는데 알파벳 순서로 나옵니다.

B 키를 누르면 〈따라가기〉가 됩니다.

C 키를 계속 누르면 카메라가 〈위치 고정〉 모드가 됩니다.

고정하는 부분은 〈월드 설정 바꾸기〉에서 정한 곳이 됩니다.

게임을 설명하고 버전을 바꿔서 저장을 해보겠습니다. 설명 내용을 바꾸고 싶으면 〈바꾸기〉 버튼을 누르면 됩니다.

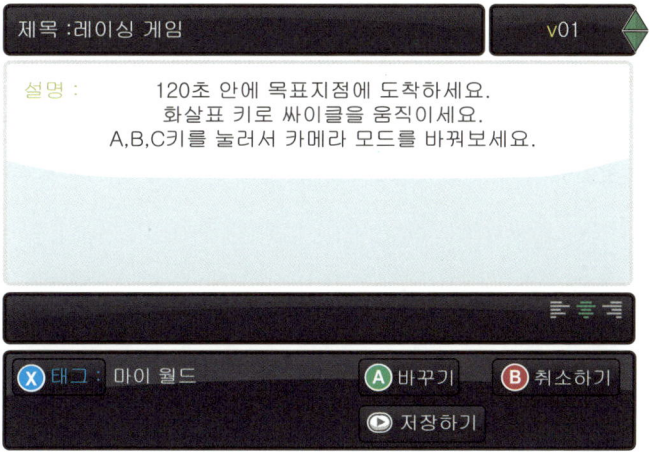

배경음악도 넣어볼까요? 게임이 시작되면 빠르게 C 음악이 나옵니다.

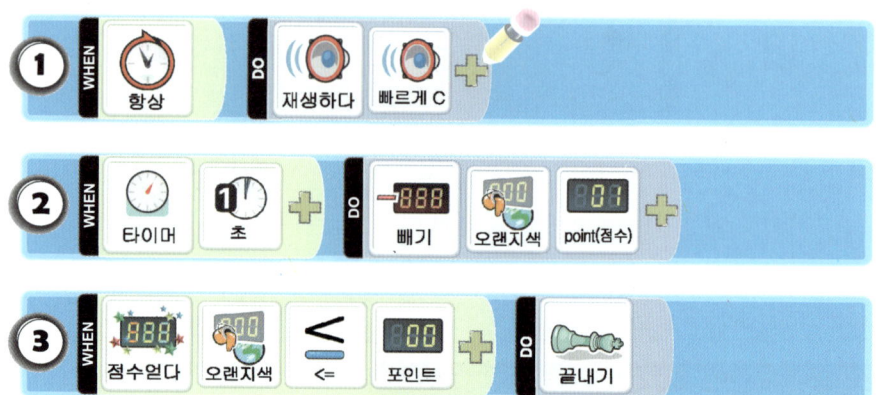

어때요? 참 쉽죠?

레이싱 게임 만들기
3단계

레이싱 게임을 할 때 직접 썼던 게임 설명이 나오고 카운트다운을 하게 만들 수 있습니다.

〈월드 설정 바꾸기〉에서 게임 시작을 선택하고 〈설명과 카운트다운을 클릭합니다.

```
게임 시작
없음
월드 제목
월드 설명
카운트다운
설명과 카운트다운
```

컴퓨터에 따라 안 되는 경우도 있으니 당황하지 마세요. ^^

그럼 레이싱 게임에 적을 만들어 보겠습니다.

푸쉬패드를 넣고 그림과 같이 코딩합니다.

그리고 복사하여 여러 개의 푸쉬패드를 붙여 넣습니다.

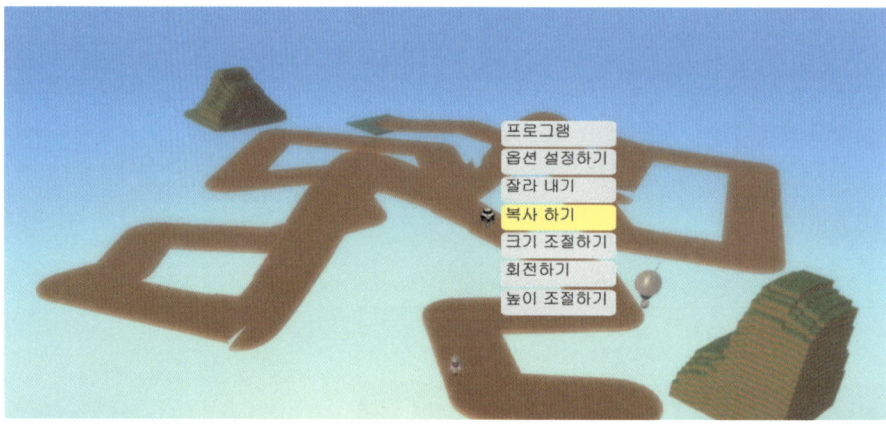

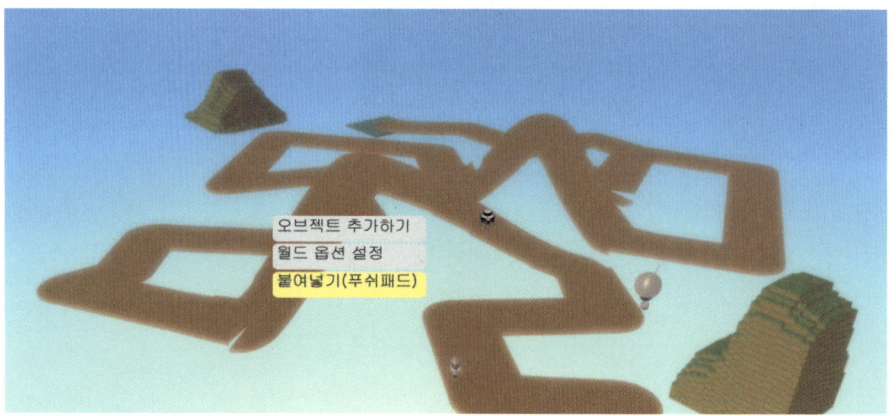

사이클(오토바이)의 체력을 표시합니다.

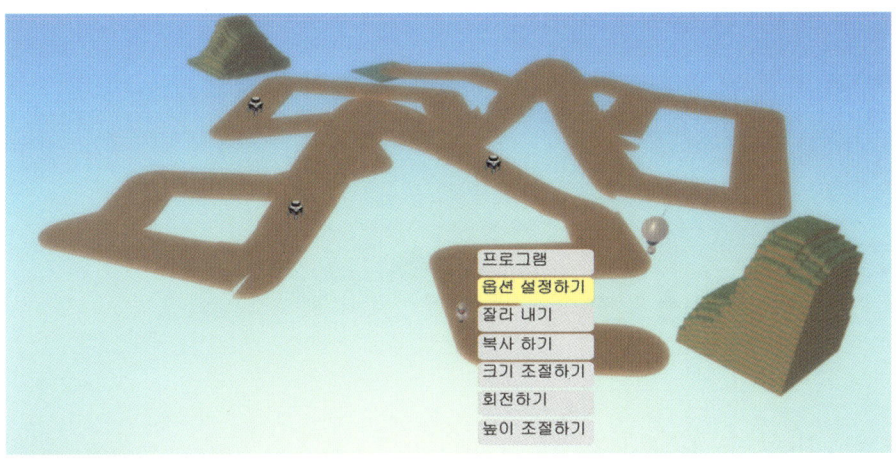

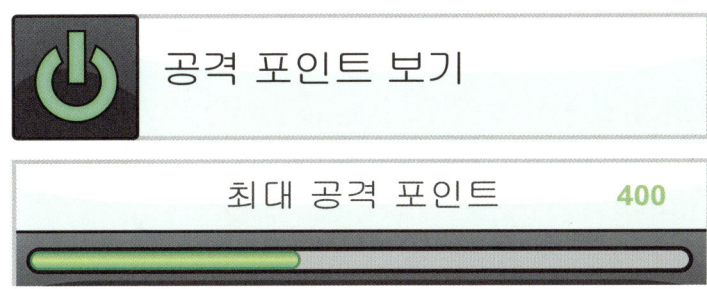

사이클(오토바이)을 보지 못하면 게임이 끝난 거죠?
풍선에 그림과 같이 명령어를 만듭니다.

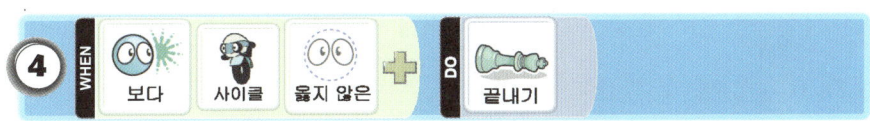

그리고 이제 미사일을 쏘게 만들어보겠습니다.

스페이스바를 누르면 미사일이 발사됩니다.

앞에서 설명한 것처럼 왼쪽부터 차례대로 명령어를 찾아서 넣으면 됩니다.

〈발사하다〉-〈미사일〉-〈곧게 가다〉

미사일의 옵션도 바꿀 수 있습니다.

사이클(오토바이)을 마우스 오른쪽 클릭을 하면 〈옵션 설정하기〉가 나옵니다.

내려가다 보면 미사일과 관련된 것을 볼 수 있습니다. 금방 어떤 것인지 알 수 있습니다.

이건 〈미사일 데미지〉입니다.

〈미사일 재장전 시간〉은 미사일을 다시 쏘기 위해서 기다리는 시간을 말합니다. 짧으면 더 빠르게 미사일을 쏘겠죠?

〈미사일 범위〉는 미사일이 날아가는 거리를 말합니다.

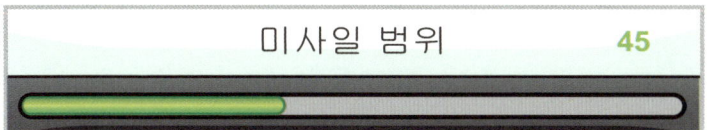

〈미사일 속도〉는 미사일이 날아가는 속도입니다.

〈1회 미사일 발사량〉은 미사일을 발사할 수 있는 개수입니다.

도움말에 자세한 설명이 나와 있습니다. 로봇이 한 번에 얼마나 많은 미사일을 발사할 수 있느냐를 설명해주고 있습니다.

로봇이 한 번에 얼마나 많은 미사일을 발사 할 수 있는지 설정합니다.
로봇이 정해진 숫자만큼 발사를 하면, 발사된 미사일이 무언지를 맞추거나 멀리가서 사라지기 전까지는 다시 발사할 수 없습니다.

Ⓐ 계속하기

〈미사일 연기〉를 사용하면 미사일이 나갈 때 위에 연기가 나옵니다.

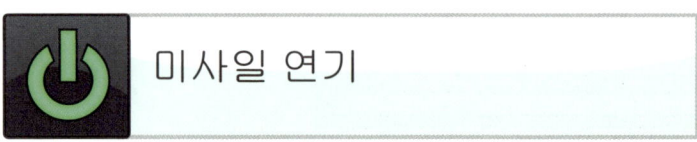

그리고 체력 아이템을 만들어 보겠습니다.

하트를 먹으면 체력이 늘어나게 코딩을 해보겠습니다. 체력이 올라가는 것은 누구죠? 바로 사이클(오토바이)입니다.

사이클(오토바이)에 다음 명령어를 넣어줍니다.

그러면 그림과 같이 체력이 떨어졌을 때 하트와 부딪치면 체력이 올라갑니다.

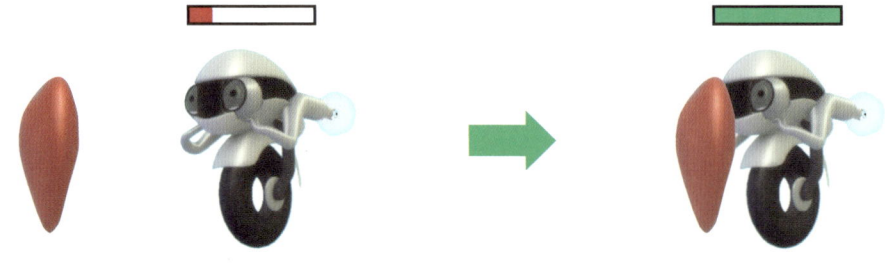

그런데 하트가 없어지지 않습니다. 어떻게 하면 될까요?

하트를 먹어버리면 됩니다.

〈그리고〉 기능을 사용하면 되겠죠?

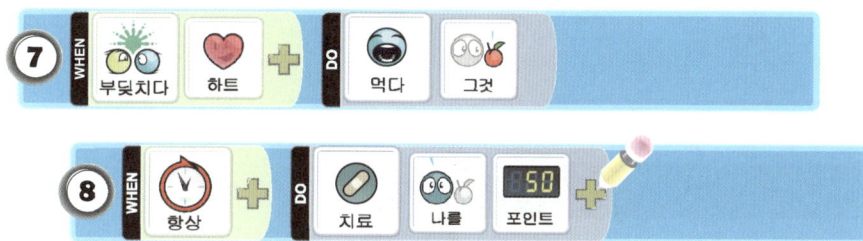

하트를 크게 만들어볼까요?

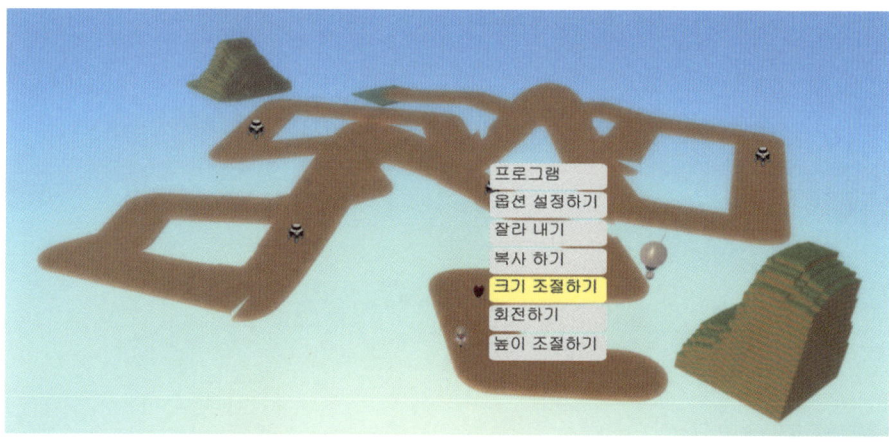

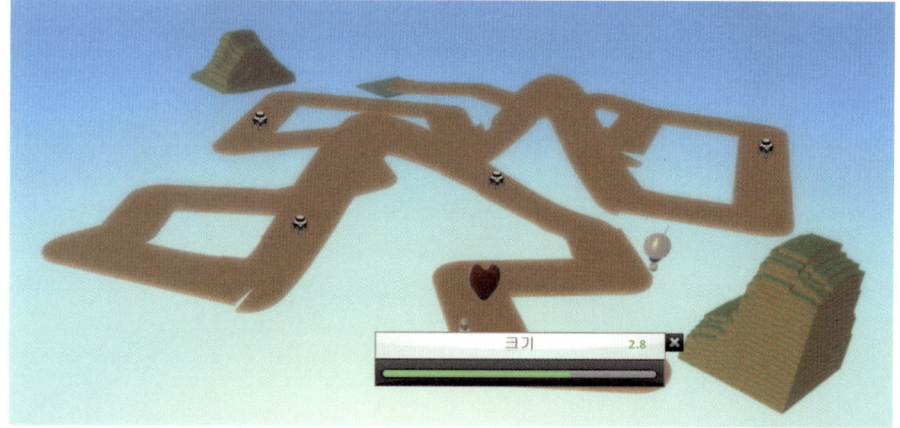

그리고 체력을 파란색 글씨로 나타내 보겠습니다.

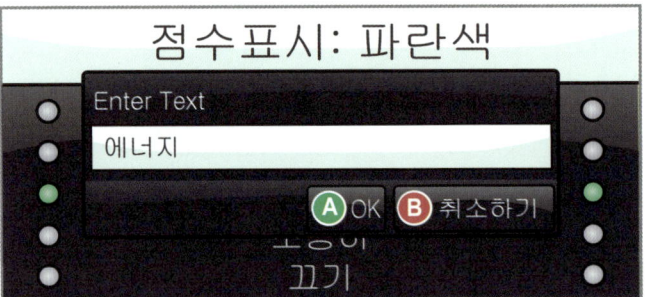

그러면 사이클(오토바이)의 체력을 파란색 글씨로 보여줍니다.

그리고 하트를 먹을 때마다 소리가 나도록 하겠습니다.

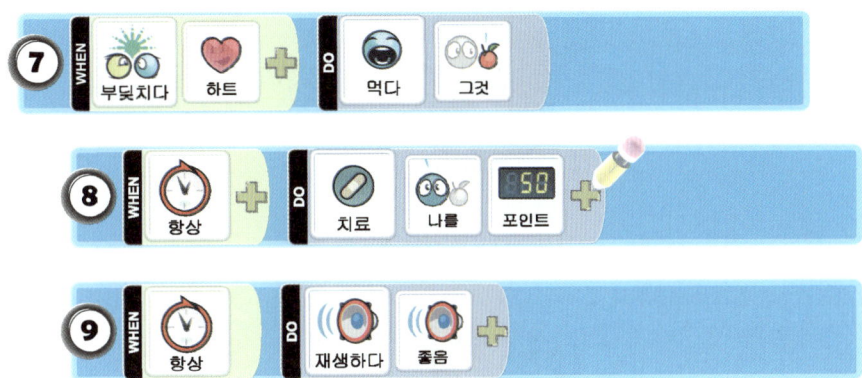

어때요? 참 쉽죠?

레이싱 게임 만들기
4단계

이제 푸쉬패드 말고 다른 적도 만들어 보겠습니다.

캐논 오브젝트를 넣고 다음과 같이 코딩을 해보겠습니다.

랜덤 3초라는 것은 0초에서 3초 사이를 말합니다. 여기에 1을 더하면 1초부터 4초가 됩니다.

이렇게 코딩하면 1초부터 4초까지 랜덤으로 깜빡 신호를 앞쪽으로 발사하게 됩니다. 깜빡 신호는 블립으로 미사일과 같은 것입니다.

미사일과 마찬가지로 블립도 옵션을 바꿀 수 있습니다.

〈블립 데미지〉, 〈블립 재장전 시간〉, 〈블립 범위〉, 〈블립 속도〉, 〈1회 블립 수〉를 바꿔서 게임에서 어떻게 바뀌는지 직접 확인해보기 바랍니다.

캐논을 〈회전하기〉로 돌릴 수 있습니다.

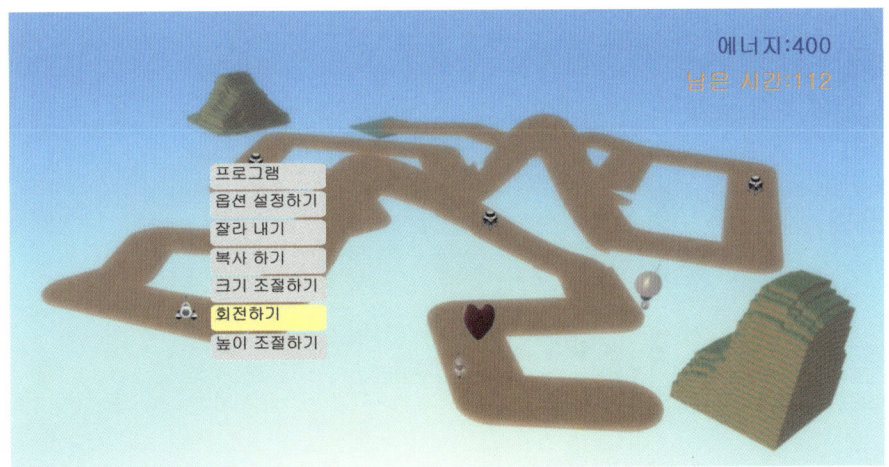

이제 탄약을 먹어야만 미사일을 쏠 수 있게 게임을 만들어 보겠습니다.

오브젝트가 이렇게 많이 있으면 원하는 오브젝트를 선택하기가 어려울 때가 있습니다. Tab 키를 누르면 다른 오브젝트를 선택할 수 있습니다. 좋은 팁이니 꼭 기억해주기 바랍니다.

도움말에도 나와 있으니 쉽게 사용할 수 있겠죠?

- 🖱 오브젝트 추가/선택
- 🖱 옵션 설정하기
- F3 그리드에 맞추어 이동하기
- Tab 다른 캐릭터 선택하기
- Space 카메라 이동하기
- Home 메뉴로 돌아가기
- Esc 실행하기

어떻게 하면 탄약을 먹을 때 미사일을 쏠 수 있게 할 수 있을까요?

우선 풍선에다가 초록색 점수를 0으로 하도록 코딩을 합니다. 탄약을 먹으면 초록색 점수가 올라가고 초록색 점수가 1보다 크면 미사일을 쏘는 것이죠.

점수는 한쪽에 모아서 코딩을 하면 아주 편리합니다.

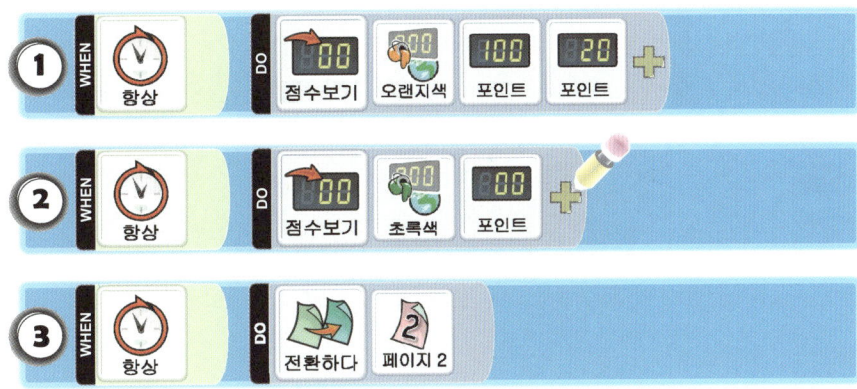

탄약을 먹으면 초록색 점수가 1점 올라가고 소리가 납니다.

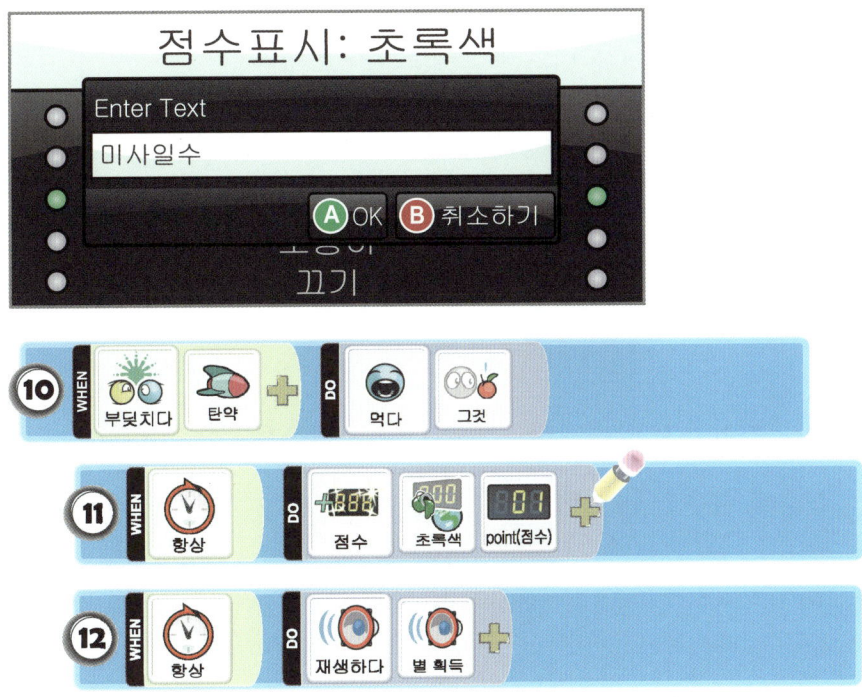

스페이스바를 누르고 〈그리고〉 초록색 점수가 1보다 크면,

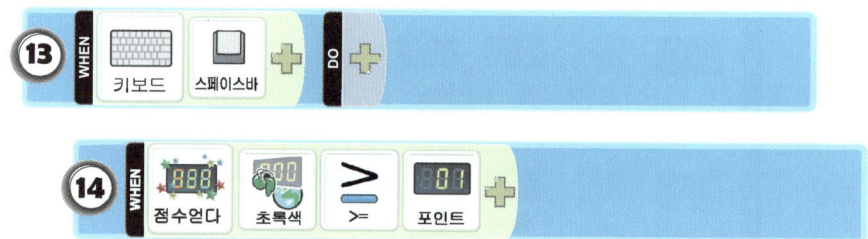

미사일을 발사하는 것입니다.

〈그리고〉를 사용하면 뒤가 잘리게 되는데 문제는 없습니다.

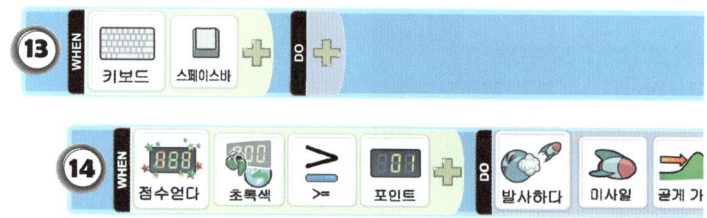

그런데 미사일 수가 줄어들지 않습니다. 어떻게 하면 될까요?
미사일을 쏘고 초록색 점수를 1을 빼면 됩니다.

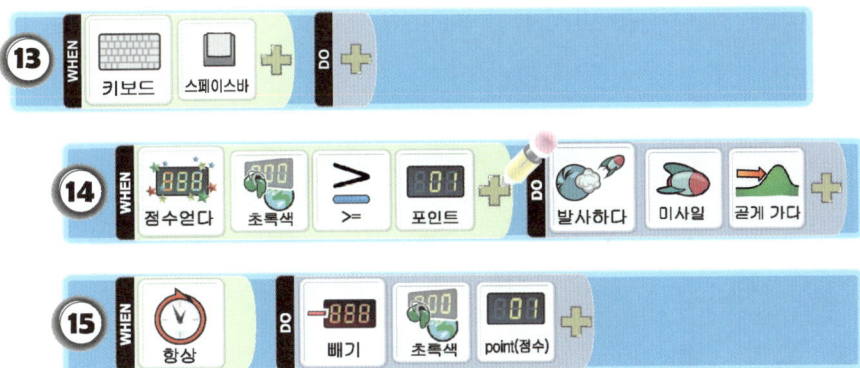

이렇게 코딩을 하고 게임을 해봅시다. 그런데, 위와 같이 코딩을 하면 초록색 점수가 0보다 작게 되는 경우가 생깁니다.

한번 곰곰이 생각해 보겠습니다. 스페이스바를 누르면

1. 초록색 점수가 1보다 크거나 같으면 미사일을 쏘고
2. 항상 점수를 뺍니다.

이렇게 되면 스페이스바를 누를 때 미사일을 쏘지 않아도 항상 초록색 점수가 1씩 작아집니다.

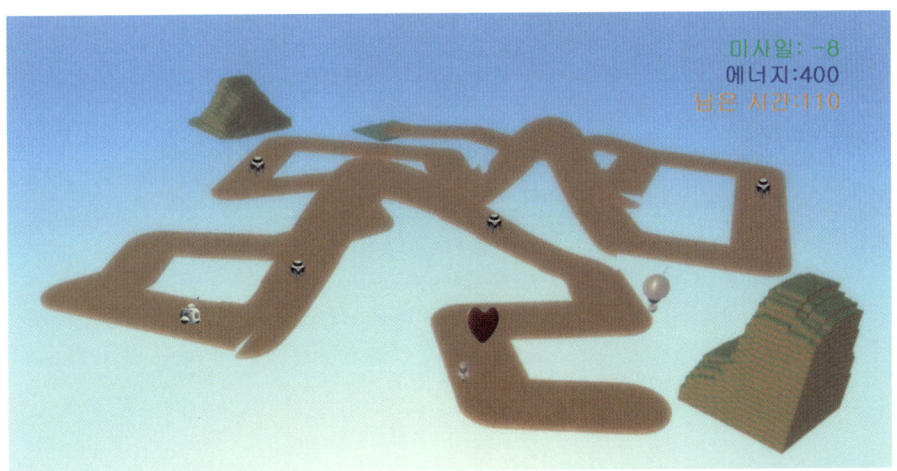

이렇게 해주면 됩니다. 미사일을 발사했을 때 초록색 점수를 1씩 빼는 거죠~

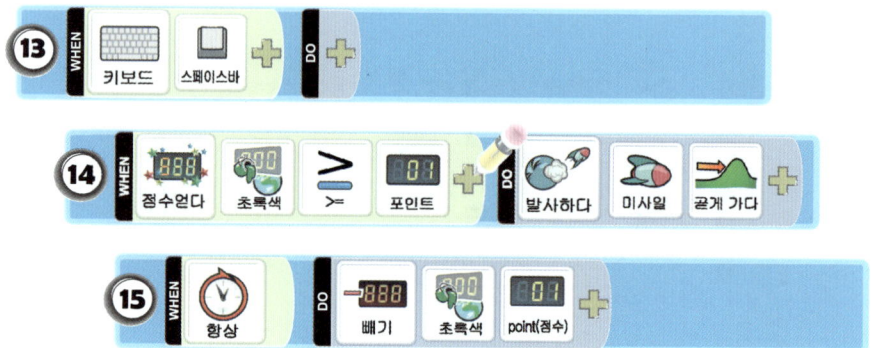

〈그리고〉를 두 번 사용하면 문제를 멋지게 해결할 수 있습니다.

어때요? 참 쉽죠?

그리고 탄약을 잘 보이도록 크게 해줍니다.

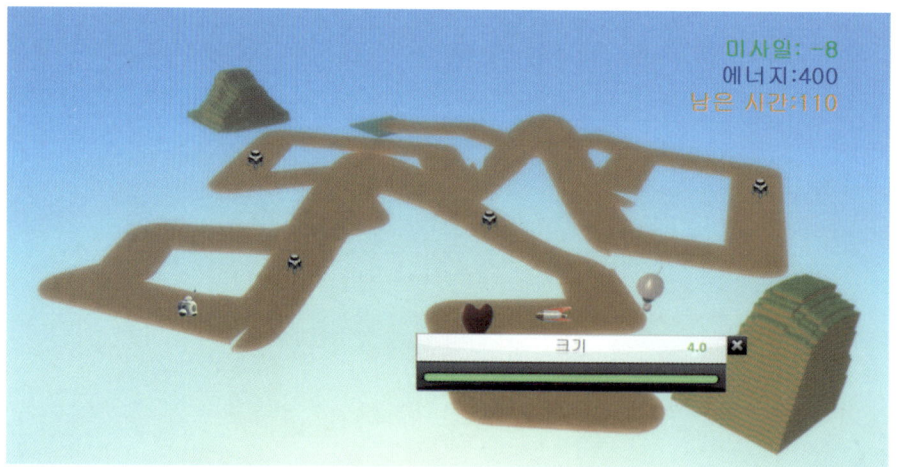

레이싱 게임 만들기
5단계

아이템마다 올려주는 체력의 양을 다르게 하려고 합니다. 어떻게 하면 될까요?
빨간색 하트와 주황색 하트를 만들어 보겠습니다.

하트 색깔마다 올려주는 체력의 양을 다르게 하면 됩니다.

명령어를 복사하면 〈그리고〉로 연결된 명령어가 전부 복사되는 것 기억나죠?

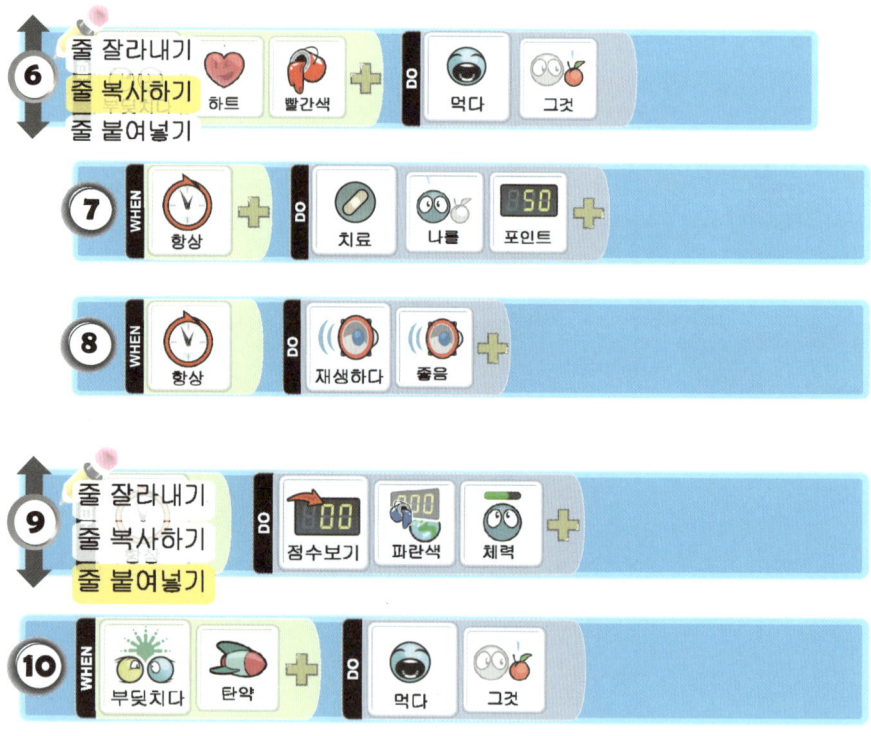

주황색 하트는 체력을 100만큼 올려줍니다.

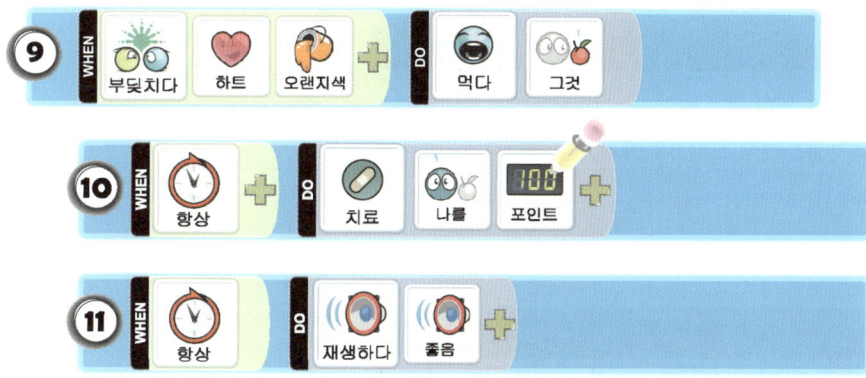

탄약도 올려주는 미사일 수를 다르게 할 수 있습니다.

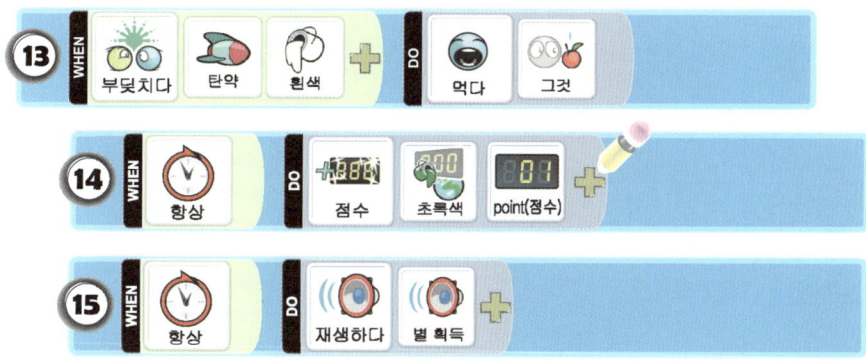

노란색 탄약은 미사일 수를 5만큼 올려줍니다.

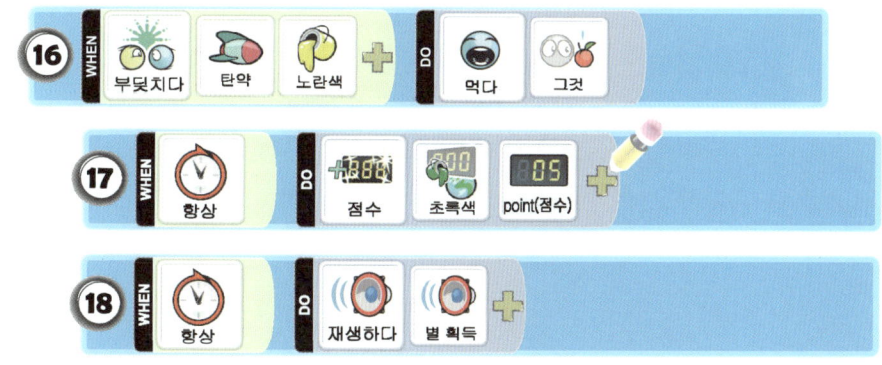

그리고 바꾼 내용을 게임 설명에 더 자세히 쓰고 버전을 바꿔서 저장을 합니다.

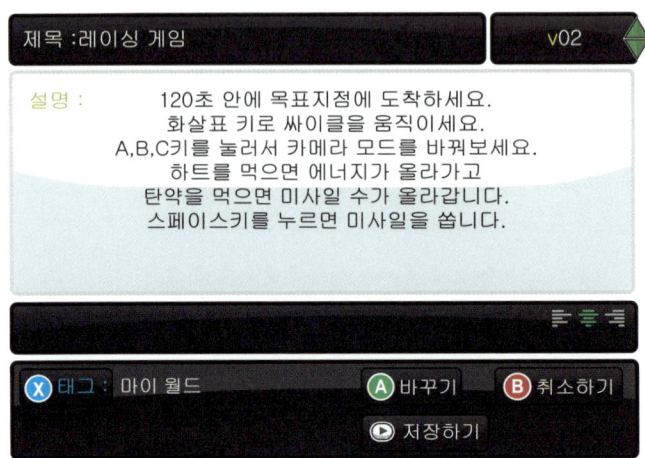

하지만 이런 아이템은 적이 발사하는 미사일이나 깜빡 신호(블립)에 파괴될 수 있습니다. 〈오브젝트 옵션〉 설정에 들어가서 〈무적〉을 선택하면 파괴되지 않습니다.

속도를 더 빠르게 해주는 아이템도 만들어 볼까요? 우선 테스트를 하기 위해서 그림처럼 긴 길을 하나 만듭니다.

패스를 이용하면 쉽게 만들 수 있습니다.

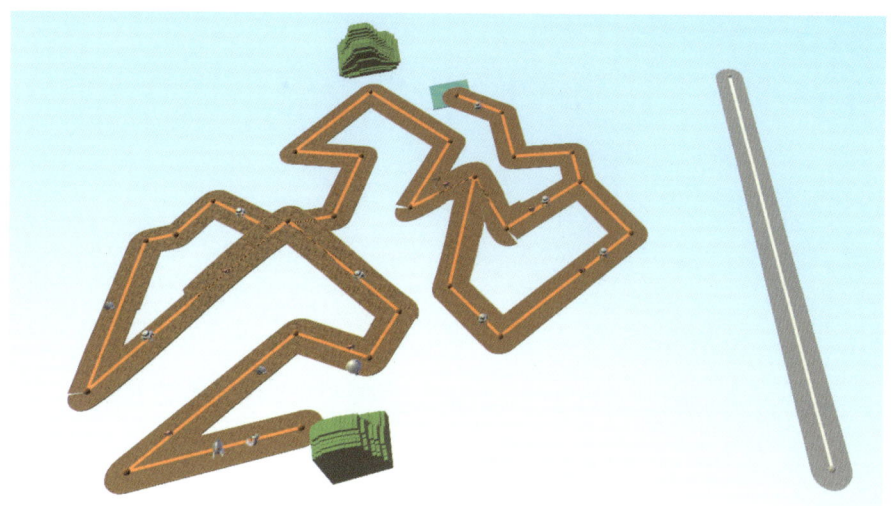

이쪽으로 사이클(오토바이)을 옮깁니다. 당연히 〈오브젝트 도구〉 명령어를 선택하고 왼쪽 버튼 눌러서(드래그) 옮겨줍니다.

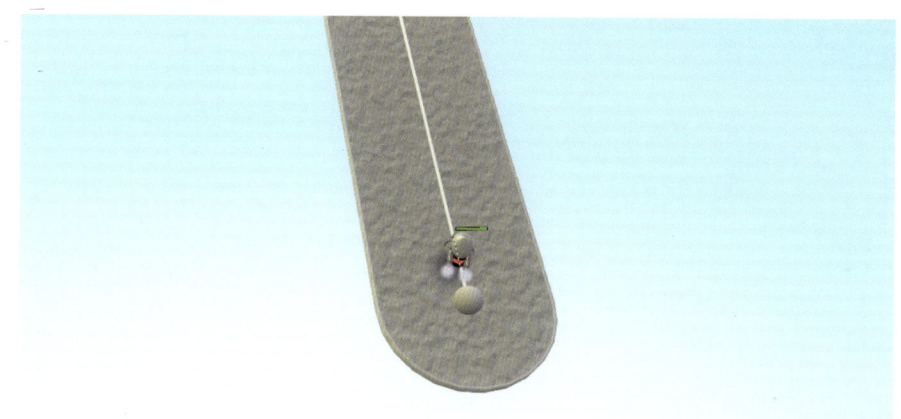

별을 넣고 이 별을 먹으면 일정 시간 동안 빨라지게 하겠습니다.

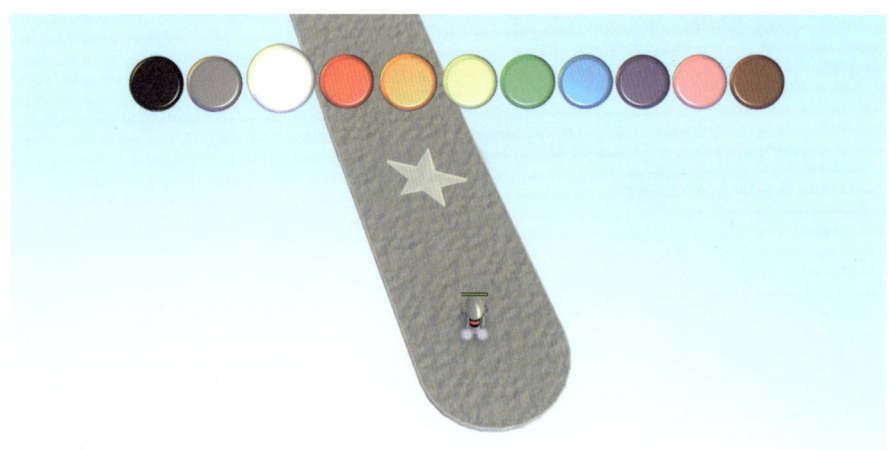

검정색 점수는 빨라질 수 있는 시간을 나타냅니다.

〈옵션〉-〈이동속도〉를 〈전전 속도 곱하기〉가 나오는데 이것은 앞으로 움직이는 빠르기를 말합니다.

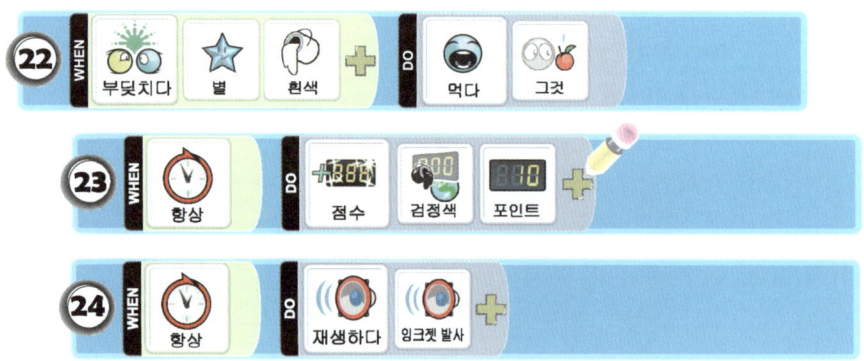

검정색 점수가 1보다 클 때 Z 키를 누르면 이동속도가 빨라지게 하면 됩니다. 그리고 1초마다 검정색 점수를 1씩 뺍니다.

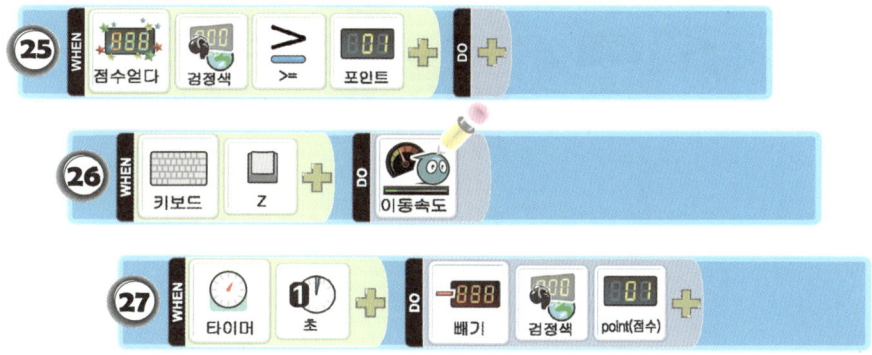

〈이동속도〉 명령어를 넣으면 〈전진 속도 곱하기〉를 바꿀 수 있습니다.

그런데 Z 키를 누르지 않아도 속도가 빨라집니다. 어떻게 하면 될까요? Z 키를 누르지 않을 때 이동속도를 원래 값으로 돌려놓으면 됩니다.

어때요? 참 쉽죠?

그리고 검정색 점수가 0보다 작거나 같을 때도 이동속도를 원래 값으로 바꿔줘야 합니다.

레이싱 게임 만들기
6단계

이제 함정을 넣고 사이클(오토바이)이 함정에 닿으면 위로 날아가게 만들어 보겠습니다.

키보드를 누르는 것과 관계있는 것은 그림처럼 모두 모아서 정리합니다.

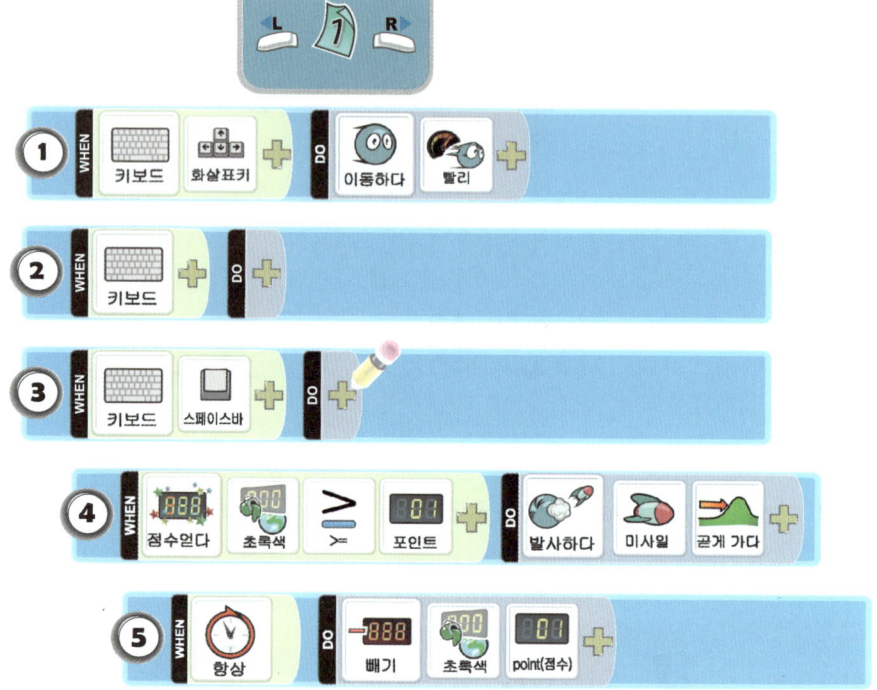

이렇게 키보드와 관련된 것은 모아서 정리하면 눈에 잘 들어와서 코딩하기가 편합니다.

X 키를 누르면 점프를 하도록 코딩을 해보겠습니다.

그리고 스틱을 추가해서 함정처럼 만들어보겠습니다.

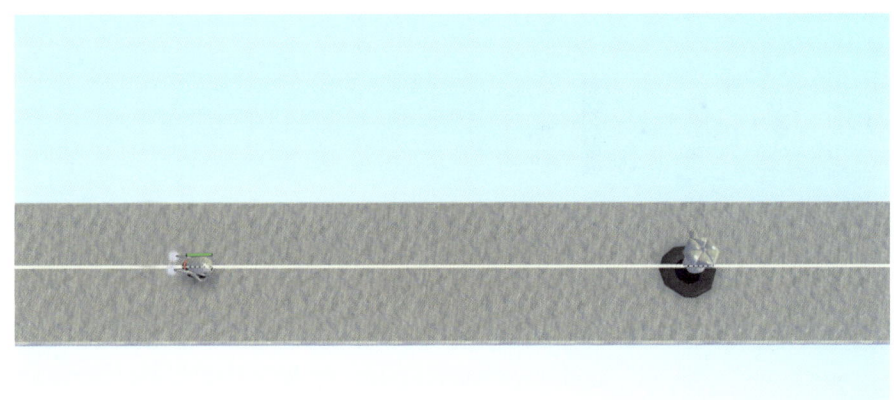

스틱이 사이클(오토바이)과 부딪치면 사이클(오토바이)을 위로 올려 발사해버립니다.

그러면 사이클은 위로 슝하고 올라가게 됩니다.

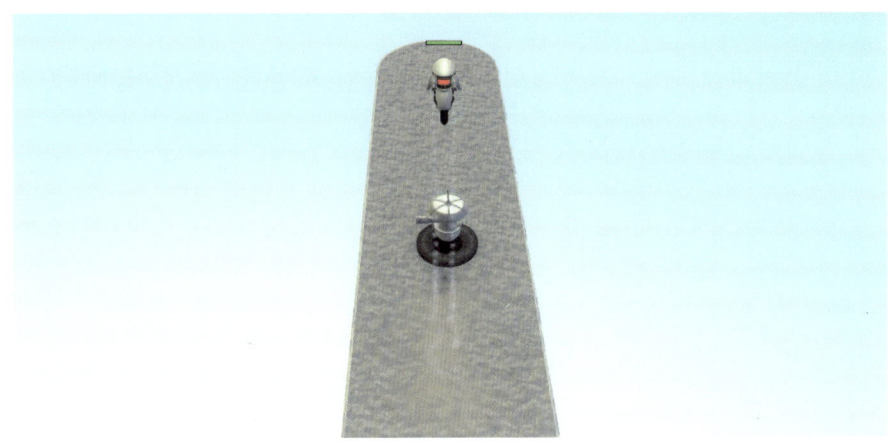

그리고 사이클(오토바이)이 가까이 왔을 때 자신이 위험하다고 말하도록 코딩을 하겠습니다.

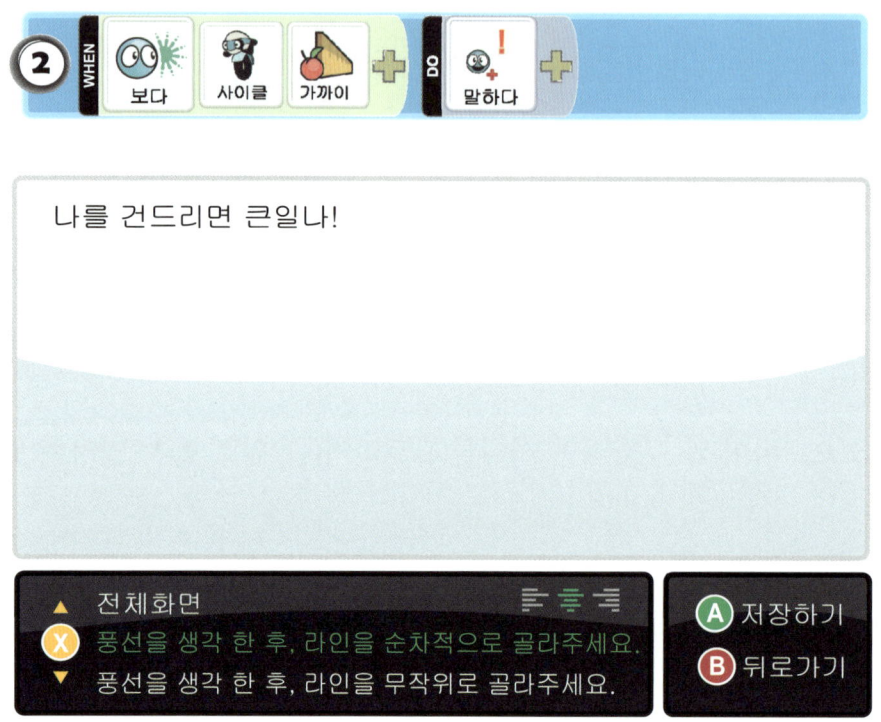

어때요? 참 쉽죠?

이렇게 다양한 명령어와 기능을 이용해서 멋진 레이싱 게임을 만들었습니다. 이제 자신만의 아이디어로 더 멋진 레이싱 게임을 만들어 볼까요?

지금까지 정말 열심히 잘 따라와 줬습니다.

코두(KODU)로 게임을 만들면서 여러분의 생각하는 능력이 많이 발전했을 거라고 믿습니다. 코두(KODU)로 게임을 만드는 능력을 키워서 마인크래프트와 같은 멋진 게임을 만들어 보세요.

그리고 앞으로 더 열심히 공부해서 우리를 불편하게 만드는 문제를 해결하고 세상을 더 멋지게 만드는 슈퍼 히어로가 되길 바랍니다.